管理者的终极智慧

企业文化建设与管理

娄 萌◎著

中国财富出版社

图书在版编目（CIP）数据

管理者的终极智慧：企业文化建设与管理／娄萌著．—北京：中国财富出版社，2015.5

ISBN 978-7-5047-5645-9

Ⅰ.①管… Ⅱ.①娄… Ⅲ.①企业文化—企业管理 Ⅳ.①F270

中国版本图书馆 CIP 数据核字（2015）第 070373 号

策划编辑 丰　虹　　**责任印制** 方朋远
责任编辑 丰　虹　　**责任校对** 饶莉莉

出版发行 中国财富出版社
社　　址 北京市丰台区南四环西路 188 号 5 区 20 楼　　**邮政编码** 100070
电　　话 010-52227568（发行部）　010-52227588 转 307（总编室）
010-68589540（读者服务部）　010-52227588 转 305（质检部）
网　　址 http://www.cfpress.com.cn
经　　销 新华书店
印　　刷 三河市西华印务有限公司
书　　号 ISBN 978-7-5047-5645-9/F·2354
开　　本 710mm×1000mm　1/16　　**版　　次** 2015 年 5 月第 1 版
印　　张 13.25　　**印　　次** 2015 年 5 月第 1 次印刷
字　　数 172 千字　　**定　　价** 35.00 元

前　言

企业文化是企业在长期生产、经营、建设、发展过程中所形成的管理思想、管理方式、管理理论、群体意识以及与之相适应的思维方式和行为规范的总和。企业文化对形成企业内部凝聚力和外部竞争力所起到的积极作用，越来越受到人们的重视。企业文化建设是一项系统工程，是现代企业发展必不可少的竞争法宝。一个没有企业文化的企业是没有前途的企业，一个没有信念的企业是没有希望的企业。

企业竞争在21世纪的焦点是文化，谁拥有了优秀的企业文化，谁就拥有了竞争的优势。而企业文化建设与管理就是将更多的精力放到文化的“深植”过程中，最终形成企业文化建设联动机制，提升企业经营的经济效益和社会效益。

本书系统讨论了现代企业在企业文化建设与管理过程中需要解决的问题，如传统文化与现代企业文化、企业文化核心理念与价值观、企业文化建设的流程与方法、企业文化管理的深处是哲学、企业文化的传承与创新、走出企业文化建设的误区，阐释了传统文化与现代企业文化的内涵和外延，解析了构成现代企业文化的愿景、使命、价值观诸要素，给出了切实可行的企业文化建设流程与方法，全景式深刻揭示了现代企业文化管理中“人性化管理”的哲学含义，强调了企业文化的吐故纳新、演进成长规律及其传承和创新的途径、方法。同时，本书还指出了企业文化建设中存在的误区，并提供了走出误区、摆脱困境的操作策略。

书中结合大量实例论及的企业文化建设的内容、企业文化管理的形式及办法等，旨在强调一方面要梳理文化价值中倡导的能力素质以作呼应，另一方面要建立关键业绩指标与之对应，从而建立一套从文化价值观确立，到能力素质提升，再到关键业绩指标改善的流程。

成功的建设与管理模式下的企业文化，会对外具有一定的引力作用，对内具有一定凝聚力。在帮助企业形成具有自身特色的企业文化建设与管理模式方面，本书为现代企业探索出了一条持续、稳定、高效、高速发展的成功之路。

作　者

2015 年 3 月

目　录

第一章 传统文化与现代企业文化

现代企业文化是中华传统文化在商业领域的体现，二者是一脉相承的。中华传统文化源远流长，博大精深，其中的“仁者爱人”“以和为贵”及道德伦理观等，对于现代企业文化的组成有着极大的意义。我国企业在创建现代企业文化、提高竞争力时，怎样增强企业综合能力呢？除了学习和引进国外先进企业文化外，还有必要借鉴中华传统文化中的思想精髓，“洋为中用，古为今用，去其糟粕，取其精华”。

传统文化概念的内涵与外延

中国传统文化是通过不同的文化形态来表示的各种民族文明、风俗、精神的总称。它是中华文明演化汇集成的一种反映民族特质和风貌的民族文化，是民族历史上各种思想文化、观念形态的总体表征。

由于在新的时代，主流价值观与优秀的传统文化紧密相关，企业在经营过程中需要不断地回到传统文化的原初问题上，同时汲取时代文化的新成果，对文化的内涵与外延进行重新定义，在回应时代提出的新问题的过程中熔铸新机，增强企业自身的修补力和再造力，以利于发展壮大。

1. 传统文化的内涵

关于中国传统文化的主要内涵，专家学者、仁人志士有很多学说。山东科技大学文法系卢秀华副教授在他的论文《论中国传统与现代化》中，将中国传统文化的丰富内涵概括为六个方面。如表 1－1 所示。

表 1－1　中国传统文化的内涵

内　涵	释　义
奋斗精神	中国文化历来关注现实人生，孔子说："未知生，焉知死""天行健，君子以自强不息"。正是这种入世的人生哲学，培育了中华民族敢于向一切自然与社会的危害和不平进行顽强抗争。中国人自古以来就有不信邪、不怕"鬼"的精神，强调人生幸福靠自己去创造。要实现现代化，这种自信自尊的精神是绝不可少的

续 表

内　涵	释　义
知行合一	中国儒家文化所讲的“力行近于仁”，在一定程度上体现了“行重知轻”的认识论思想，这与实践品格具有某种一致性。实践是认识的源泉。实现现代化，当然要努力学习外国的先进的东西，但更重要的是自己的社会主义实践
重视精神生活	中国传统文化非常重视人的内在修养与精神世界，鄙视那种贪婪与粗俗的物欲。孟子提出“充实之谓美”，并认为“富贵不能淫，贫贱不能移，威武不能屈”，这是对人格的根本要求，这种传统美德，对现代人格的塑造也是非常可贵的
爱国主义精神	爱国主义是千百年来巩固起来的对自己祖国的一种最深厚的感情，是我们中华民族的优良传统。古人云：“天下兴亡，匹夫有责。”在今天，一个国家只有走上现代化，国家才会繁荣富强。而实现现代化，全靠全国人民团结一致，共同奋斗
奉献精神	中国传统文化蔑视那种贪生怕死、忘恩负义、追逐名利的小人。古人在谈到对真理的追求时，认为“朝闻道，夕死可矣”。宣扬“路漫漫其修远兮，吾将上下而求索”的精神。这种对真理的执着与献身精神是推动现代化的强大动力
伦理规范	古人说：“老吾老以及人之老，幼吾幼以及人之幼。”一个社会只有严于律己，宽以待人，形成团结互助、尊老爱幼的社会风气，社会才能充满温馨与和谐，才能给人带来希望与力量

表1－1所述的只是中华传统文化精华的一部分，但足以体现中国传统文化的源远流长与博大精深。

2. 传统文化的外延

弄清楚了文化的内涵，还必须弄清楚它的外延，否则我们对文化的理解仍然是抽象的。有的事物的外延是很容易弄清楚的，例如，中华人民共和国的内涵是发展中的社会主义国家，它的外延就是它的国界。文化的外延则不是很容易弄清楚的。我们无法把文化所具有的具体的分子一一指陈，唯一的办法只能是根据其内涵来分门别类地列举其各个组成部分，包括经济、政治和文化现象。三者之外就是社会之外的自然界了。

为了得到一个比较具体的理解，下面我们以中国社会的文化现象来说明文化的外延问题（见表1－2）。

表1－2　　中国传统文化的外延

外　延	释　义
自然科学技术	自然科学技术是一个社会的物质生产水平的直接反映，并直接推动生产的发展
经济思想和经济理论	经济思想和经济理论是经济制度的直接反映，并直接指导经济制度的变化
政治法律思想和理论	政治法律思想和理论是一个社会的政治活动的反映，但首先是社会经济制度的反映
语言文字	语言文字是人类文化的重要组成部分，是人类生产劳动和全部社会实践的产物，服务于全部社会实践，贯穿于人类社会的一切领域
道德伦理	道德伦理现象是文化的重要组成部分，也是上层建筑的重要组成部分
宗教现象	从理论上讲，宗教与马克思主义唯物主义是不相容的，但它作为人类传统文化的重要组成部分已深深地生长在现代社会中，成为现代文化的重要组成部分
文学艺术	文学艺术是具有最广泛群众性的文化现象，可能没有人不欣赏文学艺术，因而文学艺术对于人的观念、思想、情感具有最强大的感染力
教育及思想	教育在文化中具有综合性、代表性，教育水平的高低能够代表一个国家的文化水平的高低，要提高文化水平，加强教育是唯一途径

续 表

外　　延	释　　义
新闻出版事业	新闻出版事业是另一个具有综合性的文化因素。新闻工作以报道各种当前发生的重要事件为主，实际上无所不包，出版工作当然更加如此
公共文化设施及活动	公共文化设施及其活动是由政府或社团设立的面向社会大众的文化设施及其活动，如图书馆、博物馆、文化宫、文化活动室等及其活动
民间文化	民间文化也是一个具有综合性的文化领域，即自发地流行于民间的通俗的素朴的文化，缺乏自觉性、理论性、系统性，然而为广大群众所喜闻乐见，对群众具有潜移默化的作用，有强大的影响力

表 1－2 所列的中国社会的文化外延现象至少还有两个领域没有涉及，一是卫生，二是体育。它们不是物质生产活动，但也不好说是精神活动。但它们无疑是物质活动，因为它们都是改造人体的活动，而人体是一种物质。显然，它们包含着丰富的文化因素。可见，文化的外延问题是一个需要进一步研究的复杂问题。

实际上，文化外延的各个组成部分交织为一个不可拆分的整体，对其中任何一个方面的考察，都不能回避与之不可分割的其他方面。它们之间尽管有互相渗透和互相包含的关系，但从概念上是不相容的，也就是各有明确区别的。

现代企业在传承发展传统文化时，有必要细究传统文化和国学的内涵与外延，充分正视传统文化和国学自身的复杂性、动态性、延展性、建构性和开放性。光大传统文化，不仅需要甄别精华和糟粕，需要融合中与西、古与今、文化与时代，更需要与时俱进，让传统文化成为企业从事商业活动的一种鲜活的存在。

现代企业文化的传统之根

树无根不活，企业文化必然植根于本国、本民族的文化土壤，有其历史渊源和路径依赖性，在形成的过程中不断地吸收母文化的丰厚营养。正因为现代企业在建设和管理企业文化过程中注重传统文化的精髓与市场经济相容，企业文化的大厦才有了深厚根基，显示出突出的中国特色，即中国作风、中国气派。

现代企业文化的思想，是以传统文化的“人本主义”思想为核心的现代企业管理理论；同时，传统文化理念一直以内部和外部的双重和谐为基础，最后达到社会和谐为宗旨。现代企业文化是在企业长期的生产经营管理过程中塑造出来的，可以对员工起到凝聚力，并得到广大人民群众和管理部门的认可，最终目的也是实现内部与外部的和谐。由此可见，传统文化与企业文化具有一定的共性。

中华民族的核心价值观是忠、孝、诚、信、礼、义、廉、耻“八德”，这些充分体现在现代企业文化之中（见图1－1）。

1. 企业文化中“忠”的根基

古代强调的“忠”，体现在对朝廷君王、国家民族，即所谓忠君报国。“忠”的基本意思是尽心竭力、公而无私之谓。它作为一个道德规范，是规范人与人之间相互关系的范畴。在现代社会，我们要继承“忠”这种道德，只是“忠”的对象和内涵不同罢了。我们今天仍然要强调的“忠”是需要忠于祖国，忠于人民，忠于事业，忠于职

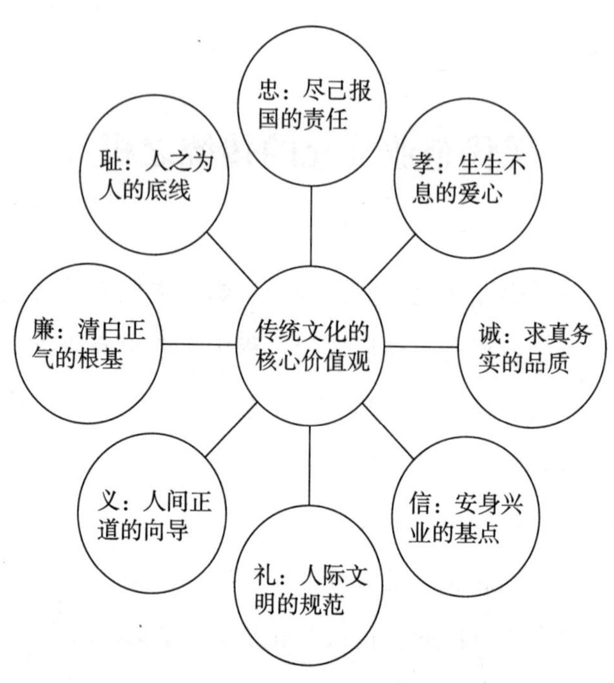

图 1－1　中华传统文化的核心价值观

守，忠于本职工作，这是我们每一个人的责任和义务。

在“忠”这种道德观的支配下，企业的一切指令和措施就会具有权威性。大家都忠于企业的利益，增强了企业的凝聚力，企业的目标就容易实现。如果各级都对上不忠，上有政策，下有对策，各怀异心，各自从自己集团或个人利益出发，这个企业就会成为一盘散沙。管理者和被管理者都忠于自己企业的利益，各自尽心竭力、忠心耿耿地为企业工作，这样的企业才能获得成功。

2. 企业文化中“孝”的根基

传统的“孝”道是对父母和长辈亲人，在现代社会，必须把“孝”进行广义的延伸，即要强调每个人都需要奉献一颗爱心，一颗感恩的心，这样社会才能真正实现和谐发展。我们在这个世界要感恩父母、感恩老师、感恩社会、感恩人民。消费者以及广大人民群众是企业的衣食父母，在企业内外我们都必须怀着一颗“感恩的心”。

在企业里，需要塑造一种“感恩文化”，只有在所有员工都具备“感恩的心”的时候，“感恩文化”才能发挥其蕴含的巨大功效，所以企业都注重培育一种基于市场规律的“员工感恩，老板也感恩”的内部“双向感恩文化”。此外，企业必须深刻理解“饮水思源”的内涵，抓住机会或创造机会以回报社会，为推动社会进步尽自己的一臂之力。将向社会“感恩”或回报社会上升到战略的高度，提出“修身、齐家、立业、助天下”的宏愿。企业回报了社会，促进了社会的进步。反之，社会进步了，企业也就获得了更大的收益。因此，可以说，不论“双向感恩”还是“社会感恩”，都能够为企业带来实实在在的利益。

3. 企业文化中“诚”的根基

做人以诚实为本，人与人之间交往最需要强调的是“诚”。《礼记·中庸》中说：“诚者，天之道也。诚之者，人之道也。”认为“诚”是天的根本属性，努力求诚以达到合乎诚的境界则是为人之道。

企业经营也是如此，靠“忽悠”能成功一时，却难成功恒久。“欲正其心者，必先诚其意”，对于一个企业管理者，要做好管理活动，就必须时时完善自己，不断提升自己的综合素养。其对于诚意的修炼，可以不断使自己意念更加真诚，从内心深处不断完善，逐渐做到正心。管理者要想不断提升自己，使身心修养都趋于完善，则必须要先做到诚意，正所谓“欲修其身者，必先正其心”。

4. 企业文化中“信”的根基

孔子云：“人而无信，不知其可也，大车无輗，小车无軏，其何以行之哉?”意思是说，一个人不讲信用，是根本不可以的。就好像大车没有輗、小车没有軏一样，它靠什么行走呢？做人要讲信用，企业更应以“信誉第一”为最基本的经营理念。

企业在生产经营活动中大力提倡“诚信文化”。企业在执行诚信文化的过程中须遵循两个原则：第一，共赢性原则，它不仅要求当事人在立约、践约的过程中按约办事，不损害对方利益，而且还必须确保潜在的第三方即公众乃至整个社会的利益不受侵害。第二，广泛性原则，包括“言与心的统一”和“言与行的统一”，要求人们在社会活动中要言行一致，兑现承诺。

5. 企业文化中“礼”的根基

中华传统文化的“礼”具有政治法律制度、道德行为规范、礼节礼仪的内容，它在古代有着重要的管理功能，“道之以德，齐之以礼”是孔子管理思想的经典名言。

在社会主义的现代管理中，“礼”即“礼”的道德行为规范，包括礼貌、礼节、礼仪，本来商场即是战场，但正常的商务交往中，商务礼仪必须遵守，职场游历的每个人很自然的都有自己企业文化的印记，一个“礼”字折射了企业和个人的素质修养。古代用“礼”来约束人的行为，在今天的现代管理中是通过规章制度来约束和规范人们的行为，因此建立合理的、科学的、系统的、适用的规章制度是现代管理中不可缺少的。

6. 企业文化中“义”的根基

中国古代一种含义极广的道德范畴，本指公正、合理而应当做的。孔子最早提出了“义”。孟子则进一步阐释了“义”。他认为“信”和“果”都必须以“义也，无适也，无莫也，义之与比”。又：“君子喻于义，小人喻于利。”孟子在《孟子·离娄上》中说：“大人者，言不必信，行不必果，惟义所在。”

现代经济生活中，“义”更代表一种情义，一种责任，对社会、事业，对朋友、同僚。企业在管理实践中要去探索一套适合中国民族性的企业管理和企业文化，只要有一套适合中国国情的“中国式管理”，对提高企业的生产率，调整企业员工的心理有着关键性的作用。国内比较成功的范例是医药流通企业巨头九州通，其企业文化的核心就包含了“义”的重要成分，高层管理人员几乎都是湖北籍人士。类似的企业国内不乏其数。

7. 企业文化中“廉”的根基

在中华传统文化里，勤俭清廉是为人、为官的重要准则。廉洁，是人性光辉的闪耀。

廉洁是健康企业的基础元素，是企业获得成功的先决条件。所以倡导“廉洁文化”是我国企业文化建设的重要组成部分，是企业判断一切是非善恶的基本标准。“廉洁文化”的建设要求员工以国家法律和企业制度约束自己的言行，成为合格的公民和优秀的员工，要求全体员工不断提高自身素质，修身养性，控制物欲，保持身心健康。做到不贪赃枉法、不以权谋私、不蓄意破坏。

8. 企业文化中“耻”的根基

古人非常看重“礼义廉耻”，所谓“不知荣辱乃不能成人”“宁可毁人，不可毁誉”“宁可穷而有志，不可富而失节”“富贵不能淫，贫贱不能移，威武不能屈”等格言警句，都说明了古代仁人志士已经把荣辱放到了与人格、生命同等重要的地位。“耻”其实就是人与兽的分界点，人始终是有耻辱心的，无耻的就不应该列于人类之行列。

在现代企业文化的建设过程中，必须建立起一个立体的、全方位的荣辱导向机制，感受到“有德者光荣、高尚”，“无德者受到贬斥，感到耻辱”。向人们昭示何者为荣、何者为耻，使员工能够明辨什么是真善美，什么是假丑恶，是企业健康发展的根本精神指南。只有在企业中树立正确的荣辱观，知荣弃耻，褒荣贬耻，扬荣抑耻，才能明荣辱之分、做当荣之事、拒为辱之行，形成企业道德体系，才能全面提高企业员工的素质，促进人的全面发展，才能凝聚人心、提升境界、激发活力，才能在经济国际化竞争中为企业的发展提供强大的精神动力。

总之，我国的传统文化丰富多彩，在 21 世纪经济飞速发展的时代，已经成为企业发展不可缺少的内容，渗透到企业的各个层面，伴随着企业的发展而不断发展。企业文化具有鲜明的时代感，又受到传统文化的制约。之所以显示新文化的特点，在于其创造性地对待我国传统文化，失去这一文化基础，企业文化将失去生命力。因此，传统文化是现代企业文化建设的根基。

如何正确理解现代企业文化

现代企业文化是企业在长期生产、经营、建设、发展过程中所形成的管理思想、管理方式、管理理论、群体意识以及与之相适应的思维方式和行为规范的总和。企业文化的本质是以人为中心，以文化为导向，以激发员工自觉行动为目的的、独特的文化现象和经营管理思想。它是以确立企业价值理念为核心，以搞好企业经营管理、激发员工积极性为手段，以树立企业良好形象、提高企业经济效益为目的的现代管理理论。

正确理解现代企业文化，可以从企业文化存在的理由、企业文化的内容、企业文化的内在特征、企业文化的功能四个方面来加深理解，提高认识。

1. 企业文化存在的理由

企业文化是为企业的生存和发展服务的，具有充足的存在理由。

（1）企业本身的需要。企业文化是企业概念中必不可少的要素之一。尤其对现阶段处于由人治向法治转换过程中的国内公司，健康的企业文化将削弱甚至取代个人影响力在企业中的过分存在，为企业的平稳发展创造条件。

（2）管理制度实施的需要。没有完美的管理制度。制度中存在的各种漏洞导致的后果的大小完全取决于员工对企业的忠诚度。

（3）人才竞争的需要。对共同价值的认同，会使员工产生稳定的归属感，从而吸引、留住人才。

（4）市场竞争的需要。良好、健康的企业文化能够提高效率，减少费用支出，提升品牌含金量，增加产品的价值，从而增强企业竞争力。因为市场中影响竞争产品定价的因素除通用的生产成本等有形价值外，还包括品牌价值，而品牌价值的影响因素包括受企业文化影响的公司、员工形象。

2. 企业文化的内容

正确理解现代企业文化，必须要了解企业文化的内容。根据企业文化的定义发现，其内容是十分广泛的，但其中最主要的应包括以下几点。

（1）经营哲学。经营哲学也称企业哲学，是一个企业特有的从事生产经营和管理活动的方法论原则。它是指导企业行为的基础。一个企业在激烈的市场竞争环境中，面临着各种矛盾和多种选择，这就要求企业有一个科学的方法论来予以指导，有一套逻辑思维的程序来决定自己的行为，这就是经营哲学。

日本松下公司“讲求经济效益，重视生存的意志，事事谋求生存和发展”，这就是它的战略决策哲学。北京蓝岛商业大厦创办于 1994 年，它以“诚信为本，情义至上”的经营哲学为指导，“以情显义，以义取利，义利结合”，使之在创办三年的时间内营业额就翻了一番，跃居首都商界第 4 位。

（2）价值观念。企业的价值观是指企业职工对企业存在的意义、经营目的、经营宗旨的价值评价和为之追求的整体化、个异化的群体意识，是企业全体职工共同遵循的价值准则。只有在共同的价值准则基础上才能产生正确的企业价值目标。有了正确的价值目标才会有奋力追求价值目标的行为，企业才有希望。因此，企业价值观决定着职工行为的取向，关系企业的生死存亡。

北京西单商场的价值观念以求实为核心，即：“实实在在的商品、实实在在的价格、实实在在的服务。”在经营过程中，严把商品进货关，保证商品质量；控制进货成本，提高商品附加值；提倡“需要理解的总是顾客，需要改进的总是自己”的观念，提高服务档次，促进了企业的发展。

（3）企业精神。是指企业基于自身特定的性质、任务、宗旨、时代要求和发展方向，并经过精心培养而形成的企业成员群体的精神风貌。企业精神要通过企业全体职工有意识的实践活动体现出来。因此，它又是企业职工观念意识和进取心理的外化。企业精神是企业文化的核心，在整个企业文化中起着支配的作用。企业精神以价值观念为基础，以价值目标为动力，对企业经营哲学、管理制度、道德风尚、团体意识和企业形象起着决定性的作用。可以说，企业精神是企业的灵魂。

王府井百货大楼的“一团火”精神，就是用员工的光和热去照亮、温暖每一颗心，其实质就是奉献服务；西单商场的“求实、奋进”精神，体现了以求实为核心的价值观念和真诚守信、开拓奋进的经营作风。

（4）企业道德。是指调整本企业与其他企业之间、企业与顾客之间、企业内部职工之间关系的行为规范的总和。它是从伦理关系的角度，以善与恶、公与私、荣与辱、诚实与虚伪等道德范畴为标准来评价和规范企业，具有更广泛的适应性，是约束企业和职工行为的重要手段。

中国老字号同仁堂药店之所以300多年长盛不衰，就在于它把中华民族优秀的传统美德融于企业的生产经营过程之中，形成了具有行业特色的职业道德，即“济世养身、精益求精、童叟无欺、一视同仁”。

(5) 团体意识。团体即组织，团体意识就是指组织成员的集体观念。团体意识是企业内部凝聚力形成的重要心理因素。企业团体意识的形成使企业的每个职工把自己的工作和行为都看成是实现企业目标的一个组成部分，使他们对自己作为企业的成员而感到自豪，对企业的成就产生荣誉感，从而把企业看成是自己利益的共同体和归属。如此，他们就会为实现企业的目标而努力奋斗，自觉地克服与实现企业目标不一致的行为。

众所周知，微软公司使数以万计的雇员成了百万富翁。可鲜为人知的是，他们中许多人在取得了经济独立之后，仍继续留在微软工作。是什么神奇的吸引力，竟使这些百万富翁不是因为自己经济的需要而如此卖命地工作呢？答案只有一个，那就是完全超越了自我的团体意识。这种团体意识，已在微软公司生根发芽。微软人认为，他们不属于自己，而是从属于微软这个团体。

(6) 企业形象。它是企业通过外部特征和经营实力表现出来的，被消费者和公众所认同的企业总体印象。由外部特征表现出来的企业形象称表层形象，如招牌、门面、徽标、广告、商标、服饰、营业环境等。流通企业由于主要是经营商品和提供服务，与顾客接触较多，所以表层形象显得格外重要，但这绝不是说深层形象可以放在次要的位置。

北京西单商场以“诚实待人、诚心感人、诚信送人、诚恳让人”来树立全心全意为顾客服务的企业形象，而这种服务是建立在优美的购物环境、可靠的商品质量、实实在在的价格基础上的，即以强大的物质基础和经营实力作为优质服务的保证，达到表层形象和深层形象的结合，赢得了广大顾客的信任。

（7）企业制度。是在生产经营实践活动中所形成的，对人的行为带有强制性，并能保障一定权利的各种规定。企业制度是精神文化的表现形式，是物质文化实现的保证。企业制度作为职工行为规范的模式，使个人的活动得以合理进行，内外人际关系得以协调，员工的共同利益受到保护，从而使企业有序地组织起来为实现企业目标而努力。

青岛啤酒先由一家传统的国有啤酒企业变成了公开上市的股份有限公司，再由体制僵化的上市公司变成了一个不断收购、兼并而富有竞争力的大型啤酒企业，实现了一次又一次的跨越。青岛啤酒之所以能实现脱胎换骨的变化，除了公司在企业发展战略、市场营销观念、内部组织构架和企业文化建设等方面有独到之处外，这些年来不断重视法人治理结构的建设也是推动其不断走向成功的重要因素。

3. 企业文化的内在特征

正确理解现代企业文化，必须理解企业文化的内在特征。现代企业文化具有鲜明的内在特征，包括独特性、继承性、融合性、人本性、整体性和创新性（见表1－3）。

表1－3　　企业文化的内在特征

特　征	释　义
独特性	企业文化具有鲜明的个性和特色，具有相对独立性，每个企业都有其独特的文化淀积，这是由企业的生产经营管理特色、企业传统、企业目标、企业员工素质以及内外环境不同所决定的
继承性	企业在一定的时空条件下产生、生存和发展，企业文化是历史的产物。企业文化的继承性体现在3个方面：一是继承优秀的民族文化精华；二是继承企业的文化传统；三是继承外来的企业文化实践和研究成果

续 表

特 征	释 义
融合性	企业文化的相融性体现在它与企业环境的协调和适应性方面。企业文化反映了时代精神，它必然要与企业的经济环境、政治环境、文化环境以及社区环境相融合
人本性	企业文化是一种“以人为本”的文化，最本质的内容，就是强调人的理想、道德、价值观、行为规范在企业管理中的核心作用，强调在企业管理中要理解人、尊重人、关心人。注重人的全面发展，用愿景鼓舞人，用精神凝聚人，用机制激励人，用环境培育人
整体性	企业文化是一个有机的统一整体，人的发展和企业的发展密不可分，要引导企业职工把个人奋斗目标融于企业整体目标之中，追求企业的整体优势和整体意志的实现
创新性	创新既是时代的呼唤，又是企业文化自身的内在要求。优秀的企业文化往往在继承中创新，随着企业环境和国内外市场的变化而改革发展，引导职工追求卓越、追求成效、追求创新

4. 企业文化的功能

正确理解企业文化，其目的是利用企业文化为企业的生存与发展发挥作用。那么，企业文化到底有些什么功能呢？成功的企业文化对外要具有一定的引力作用，对内要具有一定的凝聚力。总体而言，优秀的企业文化应具备以下六项功能。

（1）导向功能。一方面是经营哲学和价值观念的指导。经营哲学决定了企业经营的思维方式和处理问题的法则，这些方式和法则指导经营者进行正确的决策，指导员工采用科学的方法从事生产经营活动；另一方面是企业目标的指引。企业目标代表着企业发展的方向，没有正确的目标就等于迷失了方向。完美的企业文化会从实际出发，以科学的态度确立企业的发展目标。这种目标一定具有可行性和科学性，企业员工就是在这一目标的指导下从事生产经营活动的。

（2）约束功能。企业文化的约束功能主要是通过完善管理制度和道德规范来实现的。诸如：有效规章制度的约束；道德规范的约束。如果人们违背了规章制度和道德规范的要求，就会受到处罚和舆论的谴责，心理上也会感到内疚。

（3）凝聚功能。企业文化以人为本，尊重人的感情，从而在企业中形成了一种团结友爱、相互信任的和睦气氛，强化了团体意识，使企业职工之间形成强大的凝聚力和向心力。

（4）激励功能。共同的价值观念使每个职工都感到自己存在和行为的价值，自我价值的实现是人的最高精神需求的一种满足，这种满足必将形成强大的激励。另外，企业精神和企业形象对企业职工有着极大的鼓舞作用，特别是企业文化建设取得成功，在社会上产生影响时，企业职工会产生强烈的荣誉感和自豪感，他们会加倍努力，用自己的实际行动去维护企业的荣誉和形象。

（5）辐射功能。企业文化一旦形成较为固定的模式，不仅会在企业内部发挥作用，对本企业员工产生影响，而且也会通过各种渠道（如宣传、交往等）对社会产生影响。企业文化的传播将帮助企业树立良好的公众形象，提升企业的社会知名度和美誉度。优秀的企业文化也将对社会文化的发展产生重要的影响。

（6）品牌功能。企业在公众心目中的品牌形象，是一个由以产品服务为主的“硬件”和以企业文化为主的“软件”所组成的复合体。优秀的企业文化，对于提升企业的品牌形象将发挥巨大的作用。独具特色的优秀企业文化能产生巨大的品牌效应。无论是世界著名的跨国公司，如微软、福特、通用电气、可口可乐，还是国内知名的企业集团，如海尔、联想等，他们独特的企业文化在其品牌形象建设过程中都发挥了巨大作用。品牌价值是时间的积累，也是企业文化的积累。

总之，企业文化活动是企业文化建设的核心内容。21 世纪是文化管理时代，也是文化致富时代，企业文化将成为企业的核心竞争力所在。文化是永远不能替代的竞争因素，企业靠人才和文化取胜，这是众多企业的共识。

企业文化的四个基本层次

企业文化是公司管理的重要组成部分，具有聚合功能、导向功能、激励功能和规范功能。从精神、制度、行为和物质四个层面构建企业文化，是公司发展的需要，是提升公司员工整体素质的需要，也是提升公司整体形象、塑造公司品牌的需要。对于企业文化的层次理论，我们可以通过蒙牛乳业企业文化建设和管理实践来进行具体深入的理解。

蒙牛乳业作为我国乳业巨头之一，在战略决策中，将消费者、股东、银行、员工、合作伙伴和社会“六满意”作为企业的立身之本，将企业利益寓于社会利益之中。为此，蒙牛乳业用“股东投资求回报，银行注入图利息，合作伙伴需赚钱，员工参与为收入，父老乡亲盼税收”的经营理念教育员工；在建厂资金缺乏的情况下，率先建起国内同行业第一个奶车“桑拿浴车间”；在对员工的培养和人才使用上，蒙牛乳业的理念是“有德有才破格重用，有德无才培养使用，无德有才限制使用，无德无才坚决不用”；在管理者的提拔上，采取“任人唯贤”的原则；在与社会的关系中，蒙牛乳业的名言警句是“小胜凭智，大胜靠德”。

蒙牛乳业的成功不是偶然的，它的成功来源于遵循业界的“企业短期不衰靠人管理，中期不衰靠制度管理，长期不衰靠文化管理”的训言，更重要的是正确贯彻了企业文化的层次理论，因而塑造了企业良好的形象，在短短7年内创造了蒙牛神话。

蒙牛乳业的企业文化反映了企业文化的四个层面：精神文化层、制度文化层、行为文化层和物质文化层（见图1－2）。

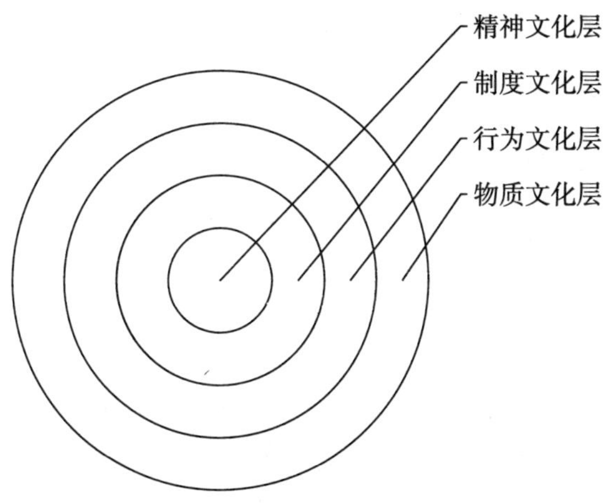

图1－2　蒙牛乳业企业文化的四个层面

1. 企业文化的物质层

物质文化是企业文化的表层，是指由企业职工创造的产品、服务和各种物质设施等构成的器物文化，包括企业的产品、服务、建筑物、环境和企业标识等。

在企业文化的物质层，蒙牛乳业从一开始就十分重视自己产品的质量和售后服务，以及工作环境和生活环境的优化。他们甚至把文化广场、文化一条街建到了内蒙古的首府呼和浩特。

蒙牛对自己的产品日益精益求精，售后服务也日臻完善。他们的牛奶从挤奶器套到奶牛身上到最后进入人的口中，全部流程都是真空加工，保证卫生安全，质量上乘。他们还向全世界承诺，只要发现包装不合格的产品，可以到任何蒙牛产品专卖店随意调换。

蒙牛人坚信“技术创新一小步，市场领先一大步”，为了不断开发新产品，他们建成了我国第一个乳业生物技术平台，建设世界一流的乳品研发中心，在那里搞科研的全部是从世界各地招聘来的博士、硕士，仅博士就有 80 多人，研究开发新产品。申请国内外商标 330 个，申请国家专利 350 件。平均 9 天申请一个专利，6 天一个新产品问世。四大奶类系列已有 200 多个品种。他们的目标是让外国人的餐桌上少不了蒙牛的产品。

2. 企业文化的行为层

行为文化是企业文化的动态体现，是企业和企业人在经营管理、教育宣传、人际关系、文娱体育等各种活动中表现出来的行为。行为文化是企业精神、企业价值观的折射。

在企业文化的行为层，蒙牛乳业在“以人为本，加强和谐企业制度、行为、形象体系建设”的基础上形成了一批企业与企业员工共同认同的价值观，从而形成一定的文化氛围和气势，造就一批与企业荣辱与共的高素质员工队伍，进而推进了物质生活文化、制度管理文化、行为习俗文化和精神意识文化的高效、有序的企业运营形态的健康发展。

3. 企业文化的制度层

制度文化是围绕企业文化的核心理念建立的，要求全体员工共同遵守的，按一定程序办事的行为方式及与之相适应的组织机构、规章制度的总和。

在企业文化的制度层，蒙牛对制度文化建设是十分重视的。他们用制度规范人性，全面建设“蒙牛法典”。他们推行的 OEC 管理，就很有特色。在蒙牛，每个工厂车间，每个部门都挂着“OEC 管理考核栏”，这一考核栏由目标系统、日清控制系统和有效激励机制组成。日清栏上天天有员工的表现情况，并对员工的行动提出表扬或批评，而且作为奖罚的依据。当月考核不合格，必须变换岗位。二次考核不合格，企业就给予除名。这样在蒙牛的员工中就形成了“有智慧的出智慧，没智慧的出力气，不出智慧和力气的卷铺盖”的氛围。

4. 企业文化的精神层

精神文化反映了企业对世界、对自我的认知，是企业文化的核心，是企业经营的终极价值目标和追求的方向，是企业所有外延文化的根本依据。

在企业文化的精神层，蒙牛的精神文化是千姿百态、丰富多彩的。首先，蒙牛用精练的文字把企业精神提炼出来，就是：“精诚团结，勇于拼搏，学习创新，追求卓越，与时俱进，报效祖国。”充分体现了他们开拓进取、无私奉献的精神境界。其次，蒙牛的标识，这是蒙牛企业的形象。蒙牛标识的主色调是绿色和白色，象征着草原和牛奶。图案非常简洁明快，就是一片绿色中两条白色的弧线，下面的弧线长，象征一望无际的草原，上面的弧线短，象征着弯弯的牛角。还有蒙牛的口号，这是蒙牛企业精神的体现。蒙牛的口号就十一个字：“蒙牛、草原牛、中国牛、世界牛。”口号虽短，但牛气冲天，气贯长虹，充分反映了蒙牛人领先中国，领先世界的决心和信心。可想而知，蒙牛人戴着自己的标识，喊着自己的口号，他们的归属感、荣誉感、自豪感、责任感是何等的强烈！

蒙牛乳业作为一个科技、信息密集型的现代企业，其企业文化建设经验告诉我们：企业必须建立德才兼备高素质的企业家队伍；必须设计体现自身特色，又有时代特色的标识、口号和企业精神；必须树立共同的核心价值观；必须优化物质文化，树立企业的良好形象，增强企业的凝聚力和向心力。

综上所述，物质层、行为层、制度层和精神层共同形成了企业文化由表层到深层的有序结构。其中，物质层是企业文化的外在表现，是精神层和制度层的物质载体，所表现的是企业文化的程度，构成文化的硬件外壳。行为层是一种处在浅层的活动，构成企业文化的软件外壳。制度层制约和规范着其他三个层次的建设，是企业文化的骨架，没有严格的规章制度，企业文化建设就无从谈起；精神层则是物质层、行为层和制度层的思想内涵，是企业文化的核心和灵魂。

构建现代企业文化的意义

构建现代企业文化是指企业文化相关理念的形成、塑造、传播等过程，是一项系统工程，是现代企业发展必不可少的竞争法宝。通过企业文化的建设实施，使企业人文素质得以优化，归根结底是推进企业竞争力的提高，促进企业经济效益的增长。

一个没有企业文化的企业是没有前途的企业，一个没有信念的企业是没有希望的企业。从这个意义上说，企业文化建设既是企业在市场经济条件下生存发展的内在需要，又是实现管理现代化的重要方面。优秀的企业文化，能极大地促进企业的发展，反之，则会削弱企业的运作功能，因而企业文化对企业的长期发展和经营业绩起着重大的影响和作用，切实地搞好企业文化建设具有积极的重要意义。

1. 企业文化建设是企业健康可持续发展的不竭之源

物质资源总有一天会枯竭，而企业文化却是生生不息的，它是企业可持续成长的支柱。企业文化是企业的一种内涵，是企业的灵魂所在，企业文化建设是企业永恒的主题。

一方面，企业文化会直接影响员工的行为准则、职业道德与价值指向，建设和发展企业文化，能够提高企业的凝聚力、向心力、亲和力和员工的忠诚度，增强企业员工的满足感、认同感和归属感，从而提高企业的核心竞争力。

另一方面，企业文化对企业的重大决策、公司的长远目标、策略以及规章制度的执行都有不可低估的影响。管理好企业的关键要素，如消费者要素、领导要素、企业员工要素正是企业文化建设所应该涵盖的内容。那些重视企业文化建设的企业，其经营业绩远远胜于没有企业文化特征的企业。

试想：一个经济效益再好的企业如果没有形成自己的企业文化，那么企业就不会具备团体精神和凝聚力。没有文化就好像没有灵魂，没有指引企业长期发展的明灯，因而无法获得牵引企业不断向前发展的动力。

综观世界上著名的长寿公司，都有一个共同特征，那就是都有一套坚持不懈的核心价值观，有其独特的企业文化。比如，美国的惠普公司，它的成功源于与众不同的优秀的企业文化。始建于 1939 年的惠普公司，经过 70 多年的发展壮大后，现已成为全球领先的提供 IT 技术、解决方案与服务的供应商。惠普公司的宗旨明确写着："组织成就乃系每位同人共同努力之结果。"它特别倡导团体主义的企业文化，主张建立轻松、信赖、和谐的人际关系。惠普公司的企业文化使公司得以可持续的健康发展，不断地做大做强，位居同产业的领袖地位。

2. 企业文化建设有利于形成统一的价值观，增强企业的凝聚力和向心力

企业文化建设，包括思想文化、技术文化、管理文化、品质文化和娱乐文化的共同建设。这些文化的整合与相互作用，一方面促进企业员工整体素质的提高；另一方面由于共同文化的熏陶，可以在企业中形成共同的意识和行为导向，保持和维护团结、协作、融洽的员工关系，客观上加强了团结奋斗、共同创业、整体发展的效能和合作意识，这样更有利于提高企业的整体素质，培养团队的合作意识，从而形成企业整体运行的价值观。

优秀的企业文化是促进企业进步与发展的内在动力，它能使绝大多数企业员工具有正确的价值取向，从而易于对企业各项重大决策取得共识，激发其使命感和责任感。优秀的企业文化能培育职业道德，促使员工在深化企业改革、利益关系调整等变动中，正确妥善处理公与私的关系，巩固和发展团结向上、协调稳定的群体关系。优秀的企业文化在企业整个实践活动中界定员工的思想道德、情操和行为准则，激励员工自觉地按照企业总体水平、统一标准来规范自己的言行，强化员工的创业、敬业精神，为促进企业持续、协调、有效、和谐发展勤奋工作。

贵州茅台集团是一个历史悠久、知名度较高的国有酿酒企业，具有较强的本行业特色的企业文化。“绿色茅台、人文茅台、科技茅台”是茅台集团面向新世纪，站在深刻把握、充实发展文化酒内涵的战略高度，对茅台酒所做出的品牌发展定位，是国酒人坚定不移地进行品牌升华与理念创新的举措。如今茅台集团从卖酒到卖文化，茅台集团的营销策略已成为白酒市场中的独特景观，也是茅台集团良好的企业文化建设在整个企业及全体员工中形成了统一的企业价值观的结果。

3. 企业文化建设有利于实现管理模式的转变

企业文化是企业管理理论的崭新成果，是现代企业管理逻辑发展的必然结果，也是对原有企业管理理论的总结创新的结果，因此要把企业文化建设放在现代化管理的新模式角度上思考。发达国家的企业普遍经历了从经验管理，到科学管理，再到现代管理的管理进程。

经验管理属于能人模式，凭感觉、靠经验管理，靠个人的能力、素质、经验和风格在发挥着作用，结果使大部分企业长期停留在粗放管理阶段。

科学管理属于制度模式，企业各单位职能、岗位职责、行为准则、运作程序都实现了规范化；信息传递、各项工作实现了程序化；人才、资金、物资、时间等资源的利用实现了科学化，企业的计划、组织、领导、控制等方面都有成套科学的、规范的制度和程序。但是，总有部分工作是制度和程序管不到的，如果太多的制度和标准让人难以掌握，就可能压制员工的积极性和创造性，降低运行效率，增大管理成本。

现代管理属于文化模式，员工的工作都不靠人来监督、管制，而是自觉地履行自己的职责，去完成工作，积极地发挥自己的潜能。企业文化营造了一个和谐的工作氛围和共同奋斗的愿望，使员工忠诚于企业和企业所从事的事业，一切基础的管理制度和规范程序都已经潜移默化为所有员工的职业习惯。企业管理者重点关注于实施战略规划、战略管理，这是每个企业管理者追求的最高境界。

在众多的现代企业管理模式中，海尔集团的管理模式可谓独树一帜，引领风骚。在整个质量管理过程中，海尔采取了日清管理法，就是全面地对每人、每天所做的每件事进行控制和清理——“日事日毕，日清日高”。今天的工作今天必须完成，今天完成的事情必须比昨天有质的提高，明天的目标必须比今天更高才行。海尔的全面质量管理当中，最重要的一个原则就是“三全”原则，即全面的、全方位的、全过程的。全面质量管理主要是全员参与的管理。

4. 企业文化能够帮助企业培养和提高人员整体素质

优秀的企业文化能够优化企业的组织架构，会为企业培养和建立一支思想过硬、文化过硬的高绩效团队；能够优化管理手段，使企业在营销战略、人力资源管理方面更合理化和规范化，充分挖掘每个员工的积极性和创造性，提高员工的创新能力，从而帮助企业建立良好的运行机制、合理的激励机制和约束机制。

企业文化强调人的因素，重视精神文化的力量，希望用一种无形的文化力形成一种行为准则、价值观念和道德规范，凝聚企业员工的归属感、积极性和创造性，引导企业员工为企业和社会的发展而努力，并通过各种渠道对社会文化的大环境产生作用。

企业的竞争和发展最终还得通过人来实现，切实提高企业各级人员的整体素质既是现代企业管理中的灵魂，也是坚持“以人为本”的企业文化建设思想的具体体现。试想：一个企业若员工的基本素质不高或缺乏良好的职业道德，生产力的健康持续发展是不可能的，企业文化建设也只能是纸上谈兵。所以，重视和加强对员工的培训和思想熏陶，始终把企业精神的塑造和弘扬作为企业文化建设的一项重要工作来抓，是不断提高企业员工的整体素质、搞好企业文化建设的基础保证。

5. 企业文化能够帮助企业塑造良好的企业品牌形象

企业文化最显著的特点是以物质为载体，物质文化是它的外部表现形式。优秀的企业文化是通过重视产品的开发、服务的质量、产品的信誉和企业生产环境、生活环境、文化设施等物质现象来体现的；优秀的企业文化不仅体现在产品服务以及技术进步这些物质载体上，还通过厂区建设，包括生产环境的改造、生活设施、文化设施等诸多方面来体现企业的物质文化。优秀的企业文化能够提高企业的知名度和信誉度，塑造良好的、独具特色的企业形象，从而提升企业无形资产的价值和品牌竞争力。

实践证明，企业文化是企业可持续发展不可或缺的精神动力。构建现代企业文化的意义在于，能使企业赢得员工的共识和支持，调动并整合各个经营管理环节的积极因素，为企业的持续发展提供不竭的驱动力，能使企业员工在逆境中同舟共济，在顺境中求实进取，自始至终为企业构筑强大的精神支柱。

构建现代企业文化的基本原则

在当今这个产品同质化、市场全球化的时代，构建现代企业文化，可以为企业的长远发展提供不竭的精神动力和智力支持，通过提升企业软实力，而增强企业的市场竞争力。构建现代企业文化是一项因时空、所属行业、企业自身条件等而异的纷繁复杂的系统工程，应当遵循共性、个性、持续性三大基本原则（见表1－4）。

表1－4　构建现代企业文化的基本原则

原　　则	释　　义
共性原则	“共性”是指企业文化必须建立在时代文化、世界文化、民族文化、同业文化、自我文化等的基础上，并吸收其优秀基因作为自身建设的依托。它强调的是企业文化建设的前提和基础，即共性。任何一个企业建设企业文化应首先做到“共性”。因为一个企业存在的价值首先有赖于社会各界相关公众的认可和支持，而公众认可、接受的底线正是这种“共性”
个性原则	“个性”是指本企业的文化区别于其他企业。它强调的是企业文化建设的差异和特色，即个性。“个性”是现代企业文化建设的本质或核心，是企业文化建设的聚焦点。首先，当今时代物质产品已经相对丰富，注意力资源比任何时候都显得稀缺。如何“先形夺人”，捕捉消费者的注意力，已成为企业发展的首要问题。其次，在产品同质化以后，产品间的“模仿”已经成为普遍现象。在这种背景下，企业文化的差异就成为企业追求的新的核心竞争力。因为科学的、全局性的企业文化个性难以模仿、难以在短时期内跟进或超越。最后，就企业内部来说，有先进个性的企业文化容易使企业员工对企业产生认同感，进而增强凝聚力，为企业提高效益提供内在的动力

续　表

原　　则	释　　义
持续性原则	“持续性”是指企业文化建设在空间维度上的一致性和时间维度上的坚持性。它强调的是企业文化内在要素的一致性和发展过程的恒久性。企业文化的各种要素在企业的生产、服务等经营活动中应力求做到无处不在、无时不有

1. 共性原则

构建现代企业文化的“共性”，应该从以下几个方面着手。

（1）时代文化。每个时代都有属于自己的特有文化，企业在做文化时不可避免地会打上那个时代的烙印，优秀的企业文化是对时代的客观反映和真实体现。时代文化是企业文化产生和存在的一个重要前提，它对企业文化有着根本的影响。很难想象在落后的商品经济条件下，能够产生在高度发达的商品经济条件下才能产生的企业文化。同样，也只有正确反映时代的企业文化，才能正确地指导企业的经营活动，引导企业与时俱进地向前发展。

（2）世界文化。企业文化建设必须从优秀的世界文化中吸取营养，应当具有国际视野和战略眼光。首先，在知识化、信息化引领的全球化背景下，企业无法脱离世界而单独存在，任何企业都是世界的组成部分，企业的发展离不开世界的发展；其次，企业文化和世界文化是相互影响、相互促进、密不可分的。一个志在与世界接轨的企业必须和世界文化保持紧密联系，暂时没有直接和世界经济接轨的企业也会间接或直接地受到世界文化的影响。此外，由于除意识形态以外，相同的文化形态在世界范围内具有同构性，因此，与世界同步是企业文化建设的必然要求。

（3）民族文化。民族文化是一个国家在长期历史发展过程中逐步建立起来的，对社会交往有着强大的渗透力和影响力。民族文化是企业文化建设的土壤，企业文化在一定程度上应当是民族文化在企业内的综合反映。一个优秀的企业在建立自己的企业文化时，总是十分注重充分利用自己民族的优秀文化元素。正因为如此，同属优秀企业，东方的优秀企业总是与西方的优秀企业因民族文化特性不同而表现出差异。

（4）同业文化。不同行业在各自的发展中自然而然地形成了自己特有的行业文化。例如，生产型企业的企业文化一般围绕提高产品质量、降低成本、保证安全等方面展开。服务型企业则一般围绕服务质量、服务类型、服务技能等方面展开。企业从属于不同的行业，企业文化建设必须立足于本企业所处行业的行业文化，在同业文化的基础上创意、策划自己的企业文化。

（5）自我文化。企业文化本质上是企业在自身的历史发展中逐渐形成的以企业价值观为核心的，以企业理念、行为、视觉等为表现形式的有独特个性的物质文化和精神文化的总和。因此，企业文化建设必须立足于原有的自我文化背景，充分考虑企业的现状和发展战略，使自己的文化具备独特性、先进性、可操作性、难以模仿性和不可替代性，因为只有这样的企业文化建设才能是卓有成效、经久不衰的。

2. 个性原则

构建现代企业文化的“个性”，应该从以下几个方面着手。

（1）文化理念的“个性”。它指的是以价值观为核心的企业如何经营、如何发展等观念上的独特性和差异性。这是企业形象脱颖而出、迅速传播的关键，它直接影响着公众对企业性质的识别和企业在市场中的竞争力。文化理念要突显企业的个性必须考虑到时代的背景、企业的历史、员工的现实状态与未来发展、产品在同行业中的位置与未来变化、决策人风格、公共关系特点和企业战略等种种因素，并赋予其表述、阐释的特色和个性。

（2）文化行为的“个性”。它是指企业的行为过程、结果与众不同，富有特性或个性。具体表现为企业人力资源开发与管理制度、产品开发制度、生产与销售制度、公共关系制度及其员工在践行这些制度中的行为表现等方面与其他企业，尤其是同类型企业的向上的差异。行为识别系统的不同，可以让公众从企业员工的行为方面去感知企业的个性和特色，使公众更好地认知企业，强化公众对企业的良好印象和信赖感。

（3）文化视觉的“个性”。它是一个企业内在素质的综合外在反映，是企业个性在视觉等方面的体现，是刺激公众注意或公众识别企业的直接媒介。主要包括企业的名称、标志、标准字、标准色，以及在企业产品、环境等一切可能引起公众注意的场景或物品上的规范化应用。视觉元素在企业文化中起着重要的作用。为了体现个性，在设计企业文化的视觉元素时必须做到与众不同，各类作品都应力求具有强烈的视觉冲击力和情感诱惑力。

3. 持续性原则

构建现代企业文化的“持续性”，应该从以下几个方面着手。

（1）企业文化应具有时间维度上的坚持性与恒久性。首先，企业文化在不同时代的员工的行为过程中应当具有持续性。企业文化一旦确立，在得到企业员工的理解后，其精髓就应当相对地稳定下来，转化为员工的自觉行为，并不断地传承下去。其次，建设企业文化应注意不能因企业经营管理者的改变而改变。企业文化建设不仅不能在某届经营者任期内随意更改，而且不同届次的经营管理者之间也必须保持连续性和继承性。后届应努力从往届那里传承企业文化建设的优秀成果。最后，企业文化建设不是一蹴而就的，而是一个与企业共生共长的过程，因此，企业应当对自身文化有锲而不舍的追求，应当把企业文化看作是一个具有耗散结构的开放系统，与时俱进地对它进行维护、保养和改造，使之永葆青春活力。

（2）企业文化应具有空间维度上的一致性。首先，"持续性"要求企业文化在企业的生产、销售、售后等各环节都得到体现，而不能有所偏废。其次，"持续性"要求企业文化的各要素之间必须保持内在的一致性。企业的理念识别系统应当决定行为和视觉识别系统，而行为和视觉识别系统则应准确和深刻地反映企业的理念识别系统。最后，"持续性"要求企业的管理层和员工的共同参与。只有企业的管理层对企业文化建设真正重视起来，并转化为一种自觉的意识，企业的全体员工在行动上积极参与、认真配合，有步骤地自觉实施，企业文化建设才能全面系统地展开。

总之，构建现代企业文化应当遵守共性、个性、持续性三大基本原则，将"共性"原则作为企业文化建设的前提或基础，"个性"原则作为企业文化建设的本质或核心，"持续性"原则作为企业文化建设的长远的自律或要求。构建现代企业文化，必须立足于"共性"，扎根于人类优秀的文化遗产；着眼于"个性"，追求自己的特色；践行"持续性"，坚持不懈、持之以恒。只有这样，企业文化建设才能真正取得成效，最终形成为企业带来巨大效益的具有经久不衰竞争力的优秀的企业文化，使企业在激烈的市场竞争中立于不败之地、和谐发展。

第二章

企业文化核心理念与价值观

世界上凡是那些能够多年跻身世界前列的公司都有一个共同特点，即都能够自觉遵循企业道德，有共同的愿景目标，有独有的行事风格和习惯——这就是企业文化。从整体上来看，现代企业文化的构成要素是：使命、愿景和价值观。使命是企业的基础，愿景是企业的发展方向，价值观为企业保驾护航。三位一体的企业文化是企业的最终竞争力。

现代企业文化的构成要素

关于企业文化的构成要素，中外理论界都持不同的看法。其中，美国哈佛大学教授特伦斯·迪尔和麦肯锡咨询公司顾问阿伦·肯尼迪的观点影响很大，认为每一个企业——事实上是每个组织——都有一种文化。无论是软弱的文化还是强有力的文化，在整个公司内部都发挥着巨大的影响。

1982年7月，特伦斯·迪尔和阿伦·肯尼迪合作出版了堪称企业文化研究的奠基之作《企业文化——现代企业精神支柱》一书。在书中，他们把企业文化分成了四种类型，即硬汉型文化、赌博型文化、按部就班型文化、工作和娱乐并重型文化（见表2－1）。

表2－1　企业文化的类型

文化类型	含　义
硬汉型文化	指适应高风险、快反馈的环境，具有坚强乐观精神和强烈进取心的文化模式
赌博型文化	又称攻坚文化、孤注一掷型文化，指的是形成于风险大、反馈慢的企业的文化模式
按部就班型文化	指形成于风险小、反馈慢的企业的稳定保守型文化
工作和娱乐并重型文化	指形成于风险小、反馈快的企业的行动迅速的文化模式

对于企业文化整个理论系统，特伦斯·迪尔和阿伦·肯尼迪认为："企业文化是由五个因素组成的系统，其中价值观、英雄人物、习俗仪式和文化网络是它的四个必要的因素，而企业环境则是形成企

业文化的又一最大的影响因素。”他们把企业文化的整个理论系统概述成了五个要素，分别是：企业环境、企业价值观、企业英雄人物、企业文化仪式和企业文化网络（见表2－2）。

表2－2　西方企业文化的构成要素

理论要素	含　义
企业环境	包括企业的性质、企业的经营方向、外部环境、企业的社会形象、与外界的联系等方面。它往往决定企业的行为
企业价值观	是指企业内成员对某个事件或某种行为好与坏、善与恶、正确与错误、是否值得仿效的一致认识。价值观是企业文化的核心，统一的价值观使企业内成员在判断自己行为时具有统一的标准，并以此来选择自己的行为
企业英雄人物	是指企业文化的核心人物或企业文化的人格化。其作用在于作为一种活的样板，为企业中其他员工提供可供仿效的榜样，对企业文化的形成和强化起着极为重要的作用
企业文化仪式	是指企业内的各种表彰、奖励活动、聚会以及文娱活动等。它可以把企业中发生的某些事情戏剧化和形象化，来生动地宣传和体现本企业的价值观，使人们通过这些活动来领会企业文化的内涵，使企业文化“寓教于乐”
企业文化网络	是指非正式的信息传递渠道，主要是传播文化信息。它是由某种非正式的组织和人群所组成，所传递出的信息往往能反映出职工的愿望和心态

对于企业文化的构成要素，我国学者有自己的见解。有的认为，企业文化由企业宗旨、企业的价值理念、企业道德行为准则等要素构成；也有的认为，企业文化由企业物质文化要素、企业制度文化要素、企业精神文化要素等构成；还有的认为，由共同价值观、行为规范、形象与形象性活动等要素构成；又有的认为，由经营理念、价值观、行为方式等要素构成。总之说法很多，各有各的角度，各有各的道理。

结合中外理论研究成果和企业实践经验，现代企业文化主要由企业使命、企业愿景、企业价值观三大基本要素构成（见表2－3）。

表2－3　现代企业文化的基本要素

构成要素	含　义
企业使命	是企业存在的价值，是企业要做什么
企业愿景	描述了企业的未来图景，是企业希望实现的状态
企业价值观	强调企业管理层和雇员应该将企业战略规划贯彻落实到实际行动中去

由表2－3所述可见，这三个方面的内容基本涵盖了以往的所有研究成果和实践经验，是对历史和现实浓缩而成的高度概括。三者构成了现代企业文化的基石，对企业的运营和未来发展具有导向作用。

其中，企业愿景与企业使命既有区别又有联系。区别在于，愿景是解决“企业是什么”，告诉人们企业将做成什么样子，是对企业未来发展的一种期望和描述；愿景是企业在大海远航的灯塔，只有清晰地描述企业的愿景，社会公众和公司员工、合作伙伴才能对企业有更为清晰的认识。一个美好的愿景能够激发人们发自内心的感召力量，激发人们强大的凝聚力和向心力。联系在于，构筑愿景是企业发展战略规划的重要支撑点，是企业做强、做大的不竭动力。而一个企业要想长盛不衰，实现美好的愿景目标，重中之重是全体员工的使命感不衰。如果缺少这一条，企业就会失去成功的希望。由此可见，企业既不能将愿景当作使命，也不能将使命当作愿景，更不能截然将二者分割开。

如果你是一个企业的领导者，你怎么理解企业使命、企业愿景、企业价值观这三大基本要素，并将它们落实到企业文化建设的实践当中呢？

使命是企业存在的理由和价值

企业使命是企业生产经营的哲学定位，也就是经营观念。企业确定的使命为企业确立了一个经营的基本指导思想、原则、方向、经营哲学等。

企业使命关注的问题是："我们的事业是什么?""我们的顾客群是谁?""顾客的需要是什么?""我们用什么特殊的能力来满足顾客的需求?""如何看待股东、客户、员工、社会的利益?"在这方面，华为技术有限公司的做法是很成功的。

华为技术有限公司是一家总部位于中国广东深圳市的生产销售电信设备的员工持股的民营科技公司，于1987年成立于中国深圳。华为公司的使命是："聚焦客户关注的挑战和压力，提供有竞争力的通信与信息解决方案和服务，持续为客户创造最大价值。"

华为秉承"以客户为中心"，基于客户需求，逐步建立在电信网络、全球服务和终端三大业务领域的综合优势，为客户提供云、管、端产品和解决方案，帮助运营商改善收益、提升带宽竞争力和降低总拥有成本，实现商业成功。

经过多年积累，华为在有线、无线宽带接入、数据通信和光传输等核心领域建立了综合优势，是全IP（网络互连协议）融合时代运营商的最佳伙伴；并致力于向全球电信运营商提供开放的应用环境、智慧的运营平台和快速服务，以帮助运营商增加运营收入、提高运营效率；通过敏捷开发，快速满足客户需求；通过帮助运营商建立云计算平台，有效提高其在IDC（互联网数据中心）等IT（信息技术）平台方面的投资效率。

在全球服务方面，华为持续优化服务解决方案并提升运作效率，帮助客户进一步提高总拥有价值。

在终端方面，华为聚焦运营商转售市场，帮助客户满足用户对多样化终端的需求，通过提供种类丰富的网络终端，为消费者带来丰富便捷的通信体验。

华为投入5.1万多名员工（占公司总人数的46%）进行产品与解决方案的研究开发，并在美国、德国、瑞典、俄罗斯、印度及中国等地设立了20个研究所。同时还与领先运营商成立20多个联合创新中心，把领先技术转化为客户的竞争优势和商业成功。

未来华为将在电信网络、全球服务和终端三大领域，以及新进入的企业业务领域继续展开合作，扩大联盟范围，以形成健康、和谐和共赢的生态环境。

为了能够像华为公司那样确立一个正确的经营理念，企业首先应该对“企业使命”这一概念有一个准确的认识。下面，从企业使命的核心要素、如何理解企业使命、设定企业使命应注意的问题等方面来谈谈。

1. 企业使命的核心要素

企业使命的核心要素包括九个方面，即客户、产品或服务、市场区域、技术水平、增长与赢利、经营理念、自我认识、人力资源、社会责任（见表2－4）。

表2－4　企业使命的核心要素

构成要素	含　义
客户	客户是企业的消费者或服务对象。使命表述要以客户为中心，客户或消费者的需要决定企业的经营方向
产品或服务	企业生产、经销的主要产品或提供的主要服务项目是构成企业活动类型的基本因素，企业经营成败的关键在于其产品或服务在市场上的销路及收益。对企业产品的描述是引导顾客识别企业的重要因素
市场区域	即企业计划要开辟或参与竞争的地区
技术水平	企业技术水平的定位能够反映企业所提供产品或服务的质量，有助于明确企业的技术竞争力
增长与赢利	即企业是否能够及通过何种方式实现业务增长和提高赢利水平，是表达企业赢利能力的信息
经营理念	是指企业在生产经营活动中所持有的基本信念、价值观念和行为准则、精神追求等。正确的经营理念是企业成功的最重要的保证
自我认识	是企业对自身比较优势和特别能力的判断与认识
人力资源	表明企业对待员工的态度，是企业使命的一项重要内容。这项内容中应包括员工招聘、选拔、考评、薪酬、福利和发展等人力资源政策
社会责任	是指企业在生产经营活动中实现自身利益的同时，必须考虑社会利益，承担社会义务。从目前国际趋势来看，企业在定义自己的使命时越来越强调自身的社会责任。这既是社会对企业自身的要求，也是企业自身为树立良好的公众形象和在竞争中取胜的需要。从总体上来讲，企业应当承担的社会责任主要包括保护消费者的利益，保护生态环境，为地区和社会作出贡献

2. 如何理解企业使命

企业使命应该从两个方面来理解。

（1）企业存在的理由。企业使命是一个企业存在的目的和意义，也就是企业存在的原因或者理由。不论这种原因或者理由是“提供某种产品或者服务”，还是“满足某种需要”或者“承担某项不可或缺的责任”，如果一个企业找不到合理的原因或者存在的原因连自己都不明确，或者连自己都不能有效说服，企业的经营问题就大了，可以说这个企业“已经没有存在的必要了”。就像人们经常问自己“我为什么活着”的道理一样，企业的经营者们更应该了然于胸。

（2）企业存在的价值。企业使命的价值在于，确定企业实现远景目标必须承担的责任或义务，为企业的生产经营进行形象定位。使命的价值反映了企业试图为自己树立的形象，诸如“我们是一个愿意承担责任的企业”“我们是一个健康成长的企业”“我们是一个在技术上卓有成就的企业”等，在明确的形象定位的指导下，企业的经营活动就会始终向公众昭示这一点，而不会“朝三暮四”。

由于社会分工的存在以及特定企业在资源及其禀赋等方面的差异性与局限性，每个企业只能在特定的领域或方面以特定的方式来表达和实现其使命。

3. 设定企业使命应注意的问题

企业使命代表着公司的目的、方向、责任，规定了公司的发展目的、发展方向、奋斗目标、基本任务和指导原则。使命的重要性是毋庸置疑的，但不是每个公司都真正理解并身体力行了。

被誉为“现代管理学之父”的彼得·德鲁克对企业管理的经典定义是：“管理就是界定企业的使命，并激励和组织人力资源去实现这个使命。界定使命是企业家的任务，而激励与组织人力资源是领导力的范畴，二者的结合就是管理。”使命感和责任感是个人和组织建功立业的强大动力，也是古往今来能成就伟大事业的企业的共同特征。

很多公司都有自己的使命陈述，可同样很多公司的使命都没有转化为自觉行为，没有成为凝聚公司全体成员的感召力和动力。原因是多方面的，其中有两个主要方面，一是企业使命的合理性，另一个是公司的使命是否真诚。

一是企业使命的合理性问题。企业使命不是随便任意写的，看看大多数公司的使命，大部分都是些主观性的口号。使命的确立有其方法，但现在的管理教材在谈到企业使命的重要性时，都只谈使命的重要性，或举一些公司的使命陈述作为案例，没有讲述如何去确定适合公司的正确而合理的使命。

使命的形成是在主体和环境之间展开的，是要解决主体意愿和环境之间的可能矛盾，解决其可能性的问题。包括机会利用的可能性和机会实现的可能性。机会利用的可能性涉及环境的供需情况，机会实现的可能性涉及主体的利益包容情况。通过对各类信息的综合分析，了解需求的容许范畴，并对其作出可用与否和能用与否的检验，明确什么时间、什么空间、哪部分人、干什么事最有意义、最符合客观环境的核心条件。只有既可用（物质性）又能用（能动性）的机会，才是切实的。由此形成的客体使命可能，才有实际意义。使命反映的是组织应当而且可以负有的重大社会责任。只有是组织能胜任而又能被环境所接纳的重大社会责任才有形成组织的使命可能。使命要有针对性。使命不是一成不变的，它是一个历史的范畴、动态的概念，在不同时期有不同的内涵。

二是企业使命是否真诚的问题。使命是发自组织内心的，是一种自觉的意识。而现在很多公司的使命是写给客户、员工和社会看的，只是为了装饰，不是老板或高层自觉的意识和行为，是虚假的使命，所以起不到应有的作用。

一个企业的使命必须是组织能胜任而又能被环境所接纳的责任才是合理的，使命要符合所选择事业发展的趋势，而且使命的确立本身是自觉的、真诚的，并且企业所有的行为都是围绕公司的使命进行的，才能被客户、员工和社会所认可接纳，才能激励公司的员工为实现其使命而奋斗。

大市场孕育大企业，大使命成就大事业。企业在制订使命时不是为自己，而是为更广泛的人群服务，是在更广大的领域中寻找自己的价值，寻找自己的灵魂。

愿景是企业对未来的持久性承诺

企业愿景体现了企业家的立场和信仰，是企业最高管理者头脑中的一种概念，是企业最高管理者对企业未来的设想，是对“我们代表什么”“我们希望成为怎样的企业”的持久性回答和承诺。

企业愿景关注的问题是：“我们要到哪里去？”“我们未来是什么样的？”“目标是什么？”

1. 企业愿景构成要素

企业愿景构成要素包括两部分：核心信仰、未来前景（见表2－5）。

表2－5　企业愿景的构成要素

构成要素	含　　义
核心信仰	包括核心价值观和核心使命。它用以规定企业的基本价值观和存在的原因，是企业长期不变的信条，如同把组织聚合起来的黏合剂，核心信仰必须被组织成员共享，它的形成是企业自我认识的一个过程。核心价值观是一个企业最基本和持久的信仰，是组织内成员的共识
未来前景	是企业未来10～30年欲实现的宏大愿景目标及对它的鲜活描述

2. 如何理解企业愿景的效用

在当今的企业活动中，企业愿景的效用主要体现在以下六个方面。

（1）提升企业的存在价值。企业愿景的终极目标就是将企业的存在价值提升到极限。企业愿景涵括的意义分为三个不同层次：企业对人类社会的贡献和价值是企业赖以存在的根本理由，也是其奋斗的方向，它是最高层次的企业愿景，具有最高的效力；企业的经营领域和目标是低一层次的概念，指出企业实现价值的途径和方式；行为准则和实务指南是在这个过程中应该遵循的经济和道德准则。愿景所处的层次越高，则具有更大的效力、延续的时间更长。

（2）协调利害关系者。如何识别各种各样的利害关系者，并通过企业愿景加以反映和协调，是企业高层管理人员的重要任务。如果利害关系者的利益不能在愿景中得到尊重和体现，就无法使他们对企业的主张和做法产生认同，企业也无法找到能对他们施加有效影响的方式。比如，一家化工企业如果只是以赢利为目标而没有将环保责任融入愿景，必将遭到环保组织、当地社区甚至消费者的抵制。

（3）整合个人愿景。企业不能仅仅从经济代价或交换的角度去理解个人和企业的关系，而应当激发员工的自觉参与意识，理解和尊重员工的个人愿景并将他们恰当地融入企业共同愿景当中。通过这种方式产生的企业愿景能够获得员工的认同和响应，因为他们在充分发挥个人能力去达成企业共同愿景的同时能够实现自我。

（4）应对企业危机。本质上，所谓机遇是指同企业环境建立良好的、建设性的互动关系；而危机常以某种方式出现，迫使企业必须处理好环境的问题，否则就会在财务、公众形象或者社会地位方面受到损害。但是危机如果处理得当，就可能转变为企业的机遇。世界上成功的企业在面对危机时，往往为了保证愿景的贯彻而不惜牺牲巨大的当前利益，这些负责任的举动为它们赢得了广泛的尊重，无形中提升了企业形象，提高了在消费者心目中的地位，这些都为以后的市场开拓提供了便利。

（5）累积企业的努力。在动态竞争中，环境要素复杂多变，拥有愿景的企业可以在别人还未看见、尚无感觉的时候，就开始了对未来的规划和准备。经过长时间努力，当市场机会出现时，企业已经备妥所有的竞争力，从而占据竞争的主动，赢得先动者优势。相反，企业如果没有愿景，只是看着别人的做法亦步亦趋，终究要因为累积的时滞而被淘汰。

（6）增强知识竞争力。在动态竞争条件下，如果不能创造性地、柔韧地应对环境变化，企业本身的生存发展就会出现问题。一般认为，组织取决于战略，战略的张力和柔性决定着组织的灵活程度和应变能力。而企业愿景是战略规划的最终目的和根本依据，其长期性和预见性提供了规避风险的线索。科学明确的愿景决定了企业战略的选择范围，在保证战略方向正确性的同时留有回旋的余地，提升企业的应变能力。

3. 设定企业愿景应考虑的问题

企业愿景的设定包括以下两个方面。

（1）企业目的的确认。企业目的就是企业存在的理由，即企业为什么要存在。一般来说，有什么样的企业目的，就有什么样的企业理念。正确的企业目的会产生良好的理念识别，并引导企业的成功；错误的企业目的会产生不良的理念识别，并最终导致企业的失败。

（2）明确企业使命。企业使命和企业宗旨是同义语，是企业在经营理念的指导下，为其生产经营活动的方向、性质、责任所下的定义。它是企业经营哲学的具体化，集中反映了企业的任务和目标，表达了企业的社会态度和行为准则。

现代企业的最高使命是其应该具有的社会责任感。要求企业不仅考虑到自身的利益，而且能够承担起自己的社会责任。

企业的社会责任包括：企业的社会使命，亦即企业成员对社会作出贡献及协调各利益集团之间关系的使命；企业的社会服务，亦即企业应当为社会提供的满足各种需要的服务；企业的社会产品，亦即企业提供的各种产品，既要为企业自身带来利益，也要对社会具有价值；企业的社会利益，亦即企业必须把维护和实现社会整体利益作为评价其经营活动成果的有效依据和指标；企业的行为定位，亦即企业在使用各种自然资源和社会资源时，应当优先考虑由于这种使用而可能给社会带来的影响和后果。概括起来说，企业的社会责任，是企业对各种不同的社会利益集团和群体所承担的道义上的责任。

愿景为企业发展指明方向，凝聚人才，创造一个将个人目标与企业目标相结合的沟通平台，从而产生了将个人命运与企业命运相结合的契机。企业不再是一群普通人的简单组合，而是一个有共同理想、共同使命的生命联合体。每一个人不再是一个被动的服从者，而是为了共同目标进行创新学习的开拓者。

价值观是企业的经营准则与是非标准

企业价值观是指企业及其员工的价值取向，是企业在追求经营成功过程中所推崇的基本信念和奉行的目标。它是企业决策者对企业性质、目标、经营方式的取向所做出的选择，是为员工所接受的共同观念。

企业价值观包含四方面的内容：是判断善恶的标准；是这个群体对事业和目标的认同，尤其是认同企业的追求和愿景；是全员在这种认同的基础上形成对目标的追求；是全员形成一种共同的境界。

1. 企业价值观的一般构成要素

企业价值观的一般构成要素包括：主体意识、理想信念、规范意识等（见表2－6）。

表 2－6 企业价值观的构成要素

构成要素	含　义
主体意识	价值观的第一个基础是确立主体；而每一主体确立自己价值观的第一个基础，则是自我定位。就企业而言，如企业要到哪去？企业与社会是什么关系？企业在社会生活中扮演什么角色及有怎样的权力、责任和归宿等。企业的主体意识是企业价值观的灵魂，其他几方面是这一坐标体系的各个维度
理想信念	理想信念是企业的一种精神支撑，同时为企业发展指明方向，能够增强企业员工的集体荣誉感，能够实现企业的最终目标
规范意识	规范意识是企业文化的重中之重，包括诸如诚信在内的商业道德伦理规范。企业要规范意识，必须建立组织结构，明确部门职能，细化工作流程，严格考核体系

2. 企业价值观的主要作用

企业文化是以价值观为核心的，价值观是把所有员工联系到一起的精神纽带，是企业生存、发展的内在动力，也是企业行为规范制度的基础。具体来说，具有以下主要作用。

（1）精神支柱。企业价值观为企业的生存与发展确立了精神支柱。企业在发展过程中，总要遭遇逆境和坎坷，一个企业如果能使其价值观为全体员工接受，并以之为自豪，那么企业就具有了克服各种困难的强大的精神支柱。

（2）决定企业特性。在不同的社会条件或时期，会存在一种被人们认为是最根本、最重要的价值，并以此作为价值判断的基础，其他价值可以通过一定的标准和方法“折算”成这种价值。这种价值被称为“本位价值”。企业作为独立的经济实体和文化共同体，在其内部必然会形成具有本企业特点的本位价值观。这种本位价值观决定着企业的个性，指引着企业的发展方向。例如，一个把利润作为本位价值观的企业，当利润和创新、信誉发生矛盾和冲突时，它会很自然地选择前者，使创新和信誉服从利润的需要。

（3）导向规范。企业价值观对战略管理的导向作用渗透在每一个阶段的每一个步骤中。价值观是企业中占主导地位的管理意识，能够规范企业领导者及员工的行为，使企业员工很容易在具体问题上达成共识，从而大大节省了企业运营成本，提高了企业的经营效率。企业价值观对企业和员工行为的导向和规范作用，不是通过制度、规章等硬性管理手段实现的，而是通过群体氛围和共同意识引导来实现的。

（4）产生凝聚力。企业价值观能产生凝聚力，激励员工释放潜能。企业的活力是企业整体合力作用的结果。企业合力越强，所引发的活力越强。

（5）企业判断是非的唯一标准。价值观作用的最集中的体现便是当企业或者企业个人在企业运营过程中面临矛盾，处于两难选择时应当如何做的时候。这样做可以，那样做也可以，但必须有个决定，支持这个决定的便是价值观。提倡什么？反对什么？弘扬什么？抑制什么？基本商业伦理和企业精神是什么？企业信仰必须遵循产业社会的一般道德准则，并且能够有效地处理与人类社会以及个人价值准则之间的一系列重要关系，由此来约束与激励全体员工的决策行为，尊重相关者地位或满足相关者利益。

3. 企业价值观与企业内部人际关系

所谓企业内部人际关系，就是人们在共同的企业实践活动中结成的相互关系的总称，是人们在交往中产生的人与人之间心理上的距离，它反映着人们追求满足的心理状态。企业内部人际关系与企业价值观的关系十分密切。

（1）价值观思想认识上的统一是企业内部人际关系的基石。只有在价值观思想认识上达成了统一，企业内部才容易形成协调融洽的人际关系，干群之间、职工之间团结友爱，互相体贴，亲密无间，消除心理上的障碍，减少矛盾纠纷，避过影响团结的暗礁，才能形成无懈可击的群体。因此，企业内部对于价值观在思想认识上达成统一后，才能产生同振共鸣，命运上互为一体，喜乐忧患相共，这无疑是体现企业人际关系协调的一个重要标志。

（2）价值观利益上的互动和协调是企业内部人际关系的核心。平等友爱，互助互利，这既是人际交往的原则，又是人际关系协调的标志。所以，在企业内部，广大职工不仅要以极大的热情和主动性搞好本职工作，而且更重要的是通过价值观利益上的互动和协调，相互提供帮助，创造条件，相互满足各自的需要。只有在价值观利益方面合理地加以协调，才是企业人际关系协调最实际的反映。相反，只讲索取，不谈奉献，假公济私，就谈不上企业良好的人际关系的建立，更不用说去发展和巩固企业了。

（3）价值观信息上的沟通是企业内部健康人际关系形成的关键。不少企业内部人际关系不协调，往往与价值观信息沟通不够有关。企业内部人际关系应是开放的，即上情下达，下情上知，彼此沟通。职工需求什么，领导心中有数，尽力满足，领导希望什么，职工清楚知晓，尽职尽责，献智出力，共谋振兴企业之大业。

（4）价值观实践上的一致是企业内部人际关系的保证。在企业内部，价值观实践上的一致表现为职工服从命令，听从指挥，步调一致。只有在价值观实践上达成一致，才能形成一个团结融洽、充满温暖的企业群体，企业内领导与职工关系和谐，工作就能配合默契，生产效率就会倍增；反之，价值观实践不一致，各行其是，就会给人们带来烦恼和痛苦，影响到职工的精神状态，使职工充沛的精力白白被内耗，生产效率也自然会下降。可见，价值观实践上的一致才是企业内部人际关系协调的一个真正标志。

总之，企业价值观是企业精神的灵魂，保证员工向统一目标前进。企业价值观的发展与完善是一个永无止境的工作，企业的各级管理人员要认真考虑究竟什么是企业最实际、最有效的价值观，然后不断地检讨和讨论，使这些价值观永葆活力。

产品文化建设与品牌文化建设的区别

1908 年，亨利·福特成功推出 T 型车。这种“廉价小汽车”外观看来有些笨，但轻巧又坚固，因此很快就风靡全美，成了美国的吉祥物。T 型车也成为福特一生最大胆、最有创造力的具体形象的化身。随着社会的进步，特别是汽车工业的发展，T 型车日益落伍。到 1925 年，已没有人买这种车了。但福特坚持己见，不予更换和改进，从而把公司推向一个危险的境地。后来在儿子埃兹尔的说服下，福特终于妥协，放弃了 T 型车。他始终不明白为什么顾客会抛弃 T 型车，转而购买通用和雪佛兰的车子。他曾对一位部下说：“T 型车什么都好，唯一的缺点是人们不再买它了。”

福特的错误在于他忽视了一条人性规律：没有的时候，人们希望拥有；一旦拥有，就会追求更好的。因此，产品的整体形象也要与时俱进，去适应消费者不断变化的需求。

产品整体形象是产品效用功能和审美功能的统一，对消费者而言，它是至关重要的。产品的整体形象适应人们的需求时，它就成为畅销物；当消费者的眼光改变，如果产品不能适应人们的需求就会被抛弃。其实，这个转变过程涉及了产品文化和品牌文化及其建设的问题。

1. 什么是产品文化及其建设

产品文化是指以企业生产的产品为载体，反映企业物质及精神追求的各种文化要素的总和，是产品价值、使用价值和文化附加值的统一，又是一类消费者群体在某段时期内对某种产品所蕴含的特有个性的定位。

大体说来，产品文化主要包括三层内容：一是人们对产品的理解和产品的整体形象，二是与产品文化直接相关的产品质量与质量意识，三是产品设计中的文化因素。当消费者接触产品时，首先打动消费者的就是产品的整体形象。有时，这种整体形象会对产品的命运起着决定作用。

那么什么是产品呢？人们过去对传统产品的解释，一般局限于产品特定的物质形态和具体用途上。在现代市场营销学中，产品的内涵被大大扩充了：产品指人们向市场提供的能满足消费者或用户某种需求的任何有形产品和无形服务。有形产品主要包括产品实体及其品质、特色、式样、用途和包装，无形服务主要包括可以给消费者带来附加利益和心理满足的售后服务、保证、产品形象、销售者声誉等。

现代产品的整体概念由核心产品、形式产品（有形产品）和附加产品（扩大产品）三个基本层次构成（见表2－7）。

表2－7 现代产品的内涵

概　　念	说　　明
核心产品	指产品的实质层，它为消费者提供最基本的效用和利益。消费者购买产品绝不仅仅是为获得构成某种产品的材料，而是为了解决问题，满足需要。例如，人们购买电冰箱不是为了得到装有压缩机、冷藏机、冷藏室、开关按钮的组合产品，而是为了通过电冰箱的制冷功能，使食物保鲜，更好地方便生活
形式产品	称为有形产品，是指产品的形式层，它比产品的实质层具有更广泛的内容。形式产品是产品对消费者需求的特定满足形式，一般通过不同的侧面反映出来，如质量水平、特点、式样、品牌名称及包装等。人们购买产品，不仅会考虑产品的实用功能，还会关心产品的品质、造型、颜色、品牌等因素
附加产品	指产品的扩展层，即产品的各种附加利益和附加服务的总和。它包括各种售后服务，如提供产品的安装、维修、送货、技术培训等。IBM之所以成功，一个重要原因是该公司在提供有形产品——计算机的同时，还擅长提供附加服务，诸如包装、服务、广告、客户咨询、融资、送货、仓储，以及人们所重视的其他价值

关于产品文化建设，当产品中渗透了独特的文化，以浓厚的文化底蕴呈现于世时，它便有了自己的灵魂和魅力。这样，产品就能深深地打动消费者的心，消费者也会为其丰富的文化内涵所吸引，争相购买，争相消费。

2. 什么是品牌文化及其建设

品牌文化，是指通过赋予品牌深刻而丰富的文化内涵，建立鲜明的品牌定位，并充分利用各种强有效的内外部传播途径，形成消费者对品牌在精神上的高度认同，创造品牌信仰，最终形成强烈的品牌忠诚。品牌文化的核心是文化内涵，具体而言是其蕴含的深刻的价值内涵和情感内涵，也就是品牌所凝练的价值观念、生活态度、审美情趣、个性修养、时尚品位、情感诉求等精神象征。

品牌文化建设具有四个方面的作用（见表2－8）。

表2－8　品牌文化建设的作用

作　用	说　明
增加企业的凝聚力	这种凝聚力不仅能使团队成员产生自豪感，增强员工对企业的认同感和归属感，使之愿意留在企业里，还有利于提高员工素质，使全体员工以主人翁的态度工作，产生同舟共济、荣辱与共的思想，使员工关注企业发展，为提升企业竞争力而奋斗
增强企业的吸引力与辐射力	企业的吸引力与辐射力有利于企业美誉度与知名度的提高。好的企业品牌会使外界人羡慕、向往，不仅使投资环境价值提升，还能吸引人才，从而使资源得到有效集聚和合理配置。企业品牌的吸引力是一种向心力，辐射力则是一种扩散力
品牌是一种文化力	是提高企业知名度和强化竞争力的一种文化力。这种文化力是一种无形的巨大的企业发展的推动力量。一个好的企业品牌将大大有利于企业知名度和竞争力的提高。这种提高不是来自人力、物力、财力的投入，而是靠“品牌”这种无形的文化力
推动企业发展和社会进步	品牌不是停留在美化企业形象的层面，而是成为吸引投资、促进企业发展的巨大动力，进而促使企业将自己像商品一样包装后拿到国内甚至国际市场上“推销”。在经济全球化的背景下，市场经济的全方位社会渗透，逐步清除企业的体制障碍，催化企业品牌的定位与形成

企业创建品牌是一个漫长的过程，需要企业长时间的积累。品牌是企业文化与科技的完美结合，不仅包含了产品的使用价值，更包含了产品中的文化和科技价值。企业只有视质量为生命，以科技求变革，才能创品牌、创名牌。然而，品牌的经营管理也是一个长期维护的过程。只有以提高企业品牌知名度、可信度为切入点，并以完善品牌美

誉度为指数，以提高品牌忠诚度为目标，扎扎实实培育品牌，才能使品牌健康稳步地发展，发挥它的超值魅力。

3. 产品文化建设与品牌文化精神的区别

品牌文化是品牌本身的文化建设，而产品文化则是与产品特性相关的文化建设。例如，一家丝绸企业，关于丝绸文化的挖掘和建设，这就是产品本身的文化，我们称之为产品文化。又比如，香格里拉饭店在进行香格里拉的传说故事的挖掘、丰富和传播，这就是在做香格里拉这个品牌本身的文化建设。

产品文化是品牌文化最直观、最具体、最形象的体现，是品牌物质文化的主要组成部分。比如，我们可以通过奔驰轿车坚固耐用的质量特性感受到奔驰品牌中所蕴含的一丝不苟、精益求精的文化特征。

这就是说，有产品不一定有品牌，但没有产品肯定不会产生品牌。可见，产品是品牌的基础，品牌以产品为载体。产品只有质量过硬、性能卓越，才能够得到消费者的认可与接受，并与消费者建立起互动关系，使标定在该产品上的品牌得以存活。

从两者的差异来看，产品文化建设很容易被竞争对手仿效，而品牌本身的文化建设则为企业所固有，竞争对手很难利用和模仿。只要你的品牌进行过规范的商标注册，那么品牌就将受到法律的保护，品牌文化也就受到了保护。

另外，产品的价值是由品牌价值和产品价值组成的。产品的价值是固定的，而只有品牌价值才是真正的附加值。品牌价值中的品牌文化和产品文化中，品牌文化占据更大的比重。

以人为本是人力资源管理的核心

人力资源管理是指企业的一系列人力资源政策以及相应的管理活动。随着人类社会的文明进步，当今人力资源管理的核心已锁定在“以人为本”。对管理者而言，如何科学合理地用人，是人力资源管理中最具挑战性，也最具艺术性的工作。

“以人为本”的管理模式不同于“见物不见人”或把人作为工具、手段的传统管理模式，而是在深刻认识人在社会经济活动中的作用的基础上，突出人在管理中的地位，实现以人为中心的管理。人力资源管理的最终目标是促进企业目标的实现，而实现创建和谐企业的目标，就必须把以人为本作为人力资源管理的核心价值理念和基本工作准则。

以人为本的管理理念在企业人力资源管理中主要体现在以下几个方面（见图2－1）。

1. 调动员工工作积极性，提高工作效率

随着经济水平的提高，企业员工对企业满足其精神需求提出了更高的要求，生活和工作的压力带来的情绪对员工的工作有很大的影响，员工需要得到企业更多的认可来调动工作的积极性。心理学家指出，积极性即工作动机是具备充沛工作精力的基础，所以只有在激发出员工工作动机的基础上才能够使员工提高工作效率，为企业创造更多的利润。而人本管理的主要手段是引进激励机制。在尊重员工、鼓

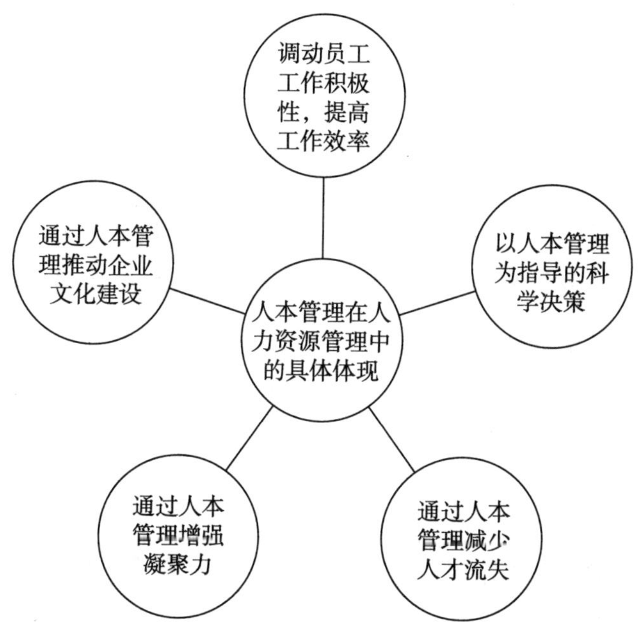

图 2－1　人本管理在人力资源管理中的体现

励员工的基础上让员工在一定程度上参与企业的管理，能使员工感觉到对工作的自豪感，也能感觉到管理者的关注与关心，可以在工作时更加有激情。

2. 以人本管理为指导的科学决策

在管理决策的制定中发扬民主，鼓励员工参与提出决策的建议，能够提高决策的准确性和实用性，同时也能够减少失误，避免给企业带来不必要的损失。另外，可以通过这些工作发现员工中的优秀者，予以着重培养，形成企业管理策略制定的良性循环。

沟通是人本管理的重要工作内容，与员工的沟通能在一定程度上最大化地了解员工的意愿，同时能够了解企业基层的基本情况，对企业管理策略的制定起到了导向作用。在人本管理的过程中，形成了反馈体系，使管理者能够及时并正确了解企业基层的发展动态，对企业人力资源的管理也提供了依据。

3. 通过人本管理减少人才流失

人才的流失是企业人力资源管理中面临的重要难题，同时也是人力资源管理失败的客观体现，应当引起管理者的重视和反思，当前的企业员工不再单纯地追求月薪的多少，而是更加注重工作的环境、发展的空间等，所以给员工提供一个优良的工作环境与一个广阔的发展平台是防止企业人才流失的重要手段。人本管理要求在管理中尊重员工，创造一个和谐的学习型工作环境，同时员工适当参与企业的管理使其感觉到企业的民主，从而使员工满意地在企业工作而不会出现“跳槽”的现象。

4. 通过人本管理增强凝聚力

在企业中，经常存在因为工作意见分歧或是情绪影响所出现的员工之间的矛盾，如果没有及时发现很可能会导致员工关系的恶化，降低员工的工作效率，使企业受到不必要的损失。而人本管理在尊重每位员工的基础上与员工进行沟通，能够及时了解情况并对其进行开导，在解决这些矛盾后使企业形成一种和谐的工作环境，同时能够使企业的凝聚力不被破坏。

5. 通过人本管理推动企业文化建设

企业文化是一个企业所具备的精神内涵，对企业的士气等方面有着重要影响，是一种通过在企业不断的发展中，企业员工形成的高度一致的价值观。人本管理强调以人为中心，把人的需求作为一项重要的内容考虑，把人的全面发展作为企业发展的目标之一，在这一过程中塑造出的和谐的、积极的工作环境，将精神层面的口号转化成员工的工作习惯，对培养企业人的人生观和事业观能够起到一定的作用，从而推动企业文化的形成。

总之，企业人力资源在贯彻“以人为本”的管理实践中，应该充分调动员工工作积极性，以人本管理为指导进行科学决策，减少人才流失，增强凝聚力，推动企业文化建设。只有在企业内部实施人性化管理，才能使“不断追求更好”成为员工的自觉行为。

通过经营管理文化打造企业向心力和凝聚力

向心力是指群体成员以群体领导为中心而实施团结协作的程度。简单地说，向心力也就是指群体成员对其领导的服从程度。就企业而言，员工的向心力是由管理者的“行为榜样”的带动作用而形成的一种状态。管理者正确对待下属的态度和其指挥权威的相对统一，是员工向心力产生的基础，两者缺一不可。

凝聚力是指群体成员之间为实现群体活动目标而实施团结协作的程度，其外在表现是个体动机行为对群体目标任务所具有的信赖性、依从性乃至服从性。就企业而言，员工的凝聚力体现为积极从事企业团队的活动。企业团队的凝聚力不仅是维持团队存在的必要条件，而且对团队潜能的发挥有重要作用。一个团体如果失去了凝聚力，就不可能完成企业赋予的任务，本身也就失去了存在的条件。

由上述向心力和凝聚力各自的含义可知，企业的经营管理文化对形成企业向心力和凝聚力具有决定性作用。与企业文化管理相比，经营管理文化是一种文化样式，而企业文化管理则是一种管理模式。经营管理文化是指将一个企业的全体员工结合在一起的标准和行为方式。企业经营管理文化代表着企业的使命、愿景和价值观，是企业经营管理精神中最核心、最本质的成分。

那么，如何通过经营管理文化打造企业的向心力和凝聚力？从实践来看，企业管理者应该从制度文化、执行文化、团队文化三个方面着眼（见图2－2）。如果企业抓好了这三个方面的内容，就能形成优秀的管理文化，促进企业管理水平的不断提高。

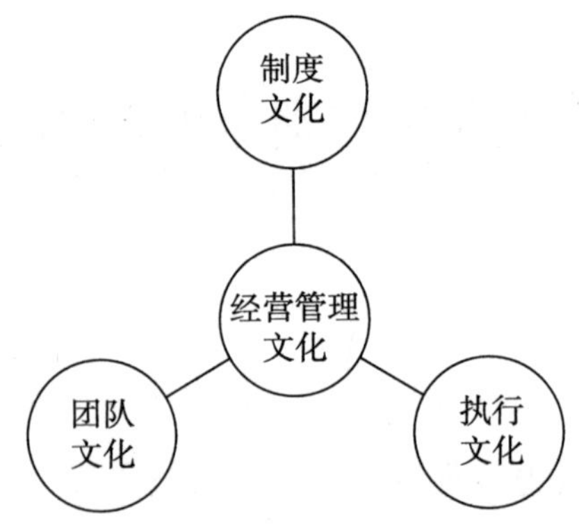

图2－2　经营管理文化的三个方面

1. 制度文化

前面我们说过，制度文化是围绕企业文化的核心理念建立的，要求全体员工共同遵守。在这里我们要说的是，完整的管理规章制度是形成管理文化的前提和基础。

制度本身的民主性和员工直接参与的快感，会大大激发员工的积极性和荣誉感，满足员工的成就感，促进员工的使命感，增强企业的整体凝聚力。因此，管理者要从以下三个方面着眼。

（1）在高效率的流程基础上建设企业规章制度。流程是企业管理工具，古人云：“工欲善其事，必先利其器。”创造高绩效的文化、培养高绩效的员工，前提之一是高效率的企业流程。没有再造、改进和优化企业现有流程，不可能有高效率的流程，也不可能有高增值性的规章制度。成功的企业大都有建立在优势的核心流程基础上的核心竞争力，如通用电气公司就在成本管理和质量管理方面有世界一流的业务流程。

（2）规章制度要契合企业经营管理理念并体现企业理念。规章制度不仅要符合社会规则的要求，而且也要体现企业精神文化的要求。制度文化的诊断、提炼和创新，都要以企业理念作为指导思想，同时要通过制度创新促进员工对企业的向心力和凝聚力。

（3）创造必要的奖惩机制和环境。规章制度就是企业的法律，一旦发布生效，就得不折不扣地执行。“依法办事”，“制度面前人人平等”应成为企业文化的内容之一，同样要在企业形成习惯行为并得到必要的尊重。在检查制度落实情况时，不仅要关注员工行为与规章制度的符合性和有效性，奖励守规则和有效率的员工，惩罚违规者和低效者，还要查找制度是否存在与文化理念相冲突的地方，以不断改进企业的规章制度，并以此促进制度的全面落实和企业制度文化的发展。

2. 执行文化

好的制度，还需要好的执行相配合，企业任何一项管理措施包括企业文化建设、改革措施的成效关键在于执行。高效的执行力和行政效率是形成管理文化的关键。

对于员工而言，执行文化强调的是实践而非思考，注重人的潜力发挥而非现有水平，注重行动速度和即时评价而非效率低下，强调坦诚对话而非闭门造车。因此，管理者要从以下四个方面着眼。

（1）以结果为导向。心往一处想，劲往一处使，将企业战略目标的最终实现作为所有成员的目标和方向。

（2）以责任为载体。千斤重担众人挑，人人头上有指标，战略绩效目标分解到每一个岗位、每一个员工。

（3）以检查为手段。没人愿意做你希望的，只会做你检查的，过程节点管控是最终达成目标的保障。

（4）以奖惩为动力。即时奖惩不过夜，好报才会有好人，让员工始终处于执行的兴奋状态。

另外，企业管理者应该与员工在统一的价值观下，将先进的管理理念化作具体执行力，通过理念转化来提高员工工作的执行力和战斗力，把目标变成现实，真正形成向心力和凝聚力，为内部控制提供良好的人文环境，以此提高内部控制的效率与效果。

3. 团队文化

团队文化是指团队成员在相互合作的过程中，为实现各自的人生价值，并为完成团队共同目标而形成的一种潜意识文化。融洽的团队管理队伍是管理文化形成的保证。

团队文化建设已经成为企业文化深植过程中一个至关重要的课题，加强团队文化的建设具有一定的重要性和必要性。因此，管理者要从以下六个方面着眼。

（1）选好优秀的团队领导。企业的基层管理者必须实现从传统的经营实践者角色到充满进取精神的企业家角色的转变，中层管理者必须实现从行政管理者到支持辅导型教练角色的转变，高层管理者则必须实现从资源分配者到制度建设型角色的转变。高层管理者的主要贡献是为组织提供一种视野和活力。

（2）满足团队运转所需的四个关联条件。其一，团队内必须充满活力。活力可以通过员工的创造性、工作热情、和谐的团队氛围体现出来。其二，团队内必须有一套为达到目标而设置的控制系统。其三，团队必须拥有完成任务所需的专业知识，包括技术专业知识、关于运作方法的知识以及政治知识等。其四，团队必须要有一定的影响能力。特别是团队里要有部分不仅在团队内部有影响力，而且对团队以外的更大范围内有足够影响力的成员。

（3）加大团队管理上的授权。团队工作的宗旨就是委托与放权。一个普通的团队领导者必须经常性地在权力下放与权力控制、指令式风格与协商式风格之间做出分析、判断、比较、抉择。以团队为基础的管理结构并不是指简单地摆脱权威体系的束缚，领导者更主要的任务是学会改变组织内权力的运用方式，改变对员工的评估标准体系。

（4）给予团队充分尊重。团队内部的每个成员间应该相互尊重、彼此理解，否则，一个团队将无法运行而走向解散。因此，管理者应该为团队创造一种相互尊重的氛围，尊重彼此的技术和能力，尊重彼此的意见和观点，尊重彼此对组织的全部贡献，从而形成向心力和凝聚力，确保团队成员有一种完成工作的信心和热情。

（5）建立成员间的技能互补、角色分工的团队。团队内应该同时有 3 种不同技能的人：需要具有技术专长的成员；需要具有能够发现问题，提出解决问题建议，并权衡建议做出比较性选择的决策技能的成员；需要若干能够协调解决冲突，处理人际关系的成员。无论缺少何种类型的人员，团队都不能高效运转。因此要充分注意到个体能够给团队带来最大贡献的个人优势，并使工作分配与成员偏好风格相一致。

（6）培养团队的创新精神。一支具有创新精神的团队具备这样的特点：在团队风气上，能够容忍不同的观点，支持在可接受范围内进行不同的试验；在成员的忠诚程度上，人们愿意留在团队，共同拥有价值观，并愿意为此付出努力；在成员合作方式上，团队成员之间能够坦诚交流，互通信息。这样的团队要有一个长期的培养过程才能形成。管理者必须在组织上为团队建设提供如下支持：明确团队的目标；给予一定的资源，提供可靠的信息；不断地培训和教育；定期信息反馈；技术及方法的指导。

第三章 企业文化建设的流程与方法

现代企业竞争归根结底是企业文化的竞争，只有构建健康的企业文化，企业才能在市场竞争中获胜，才能拥有未来。因此，企业要遵循企业文化建设流程，从调查分析企业文化现状入手，直至继承和创新企业文化，并在此过程中采取行之有效的方法。

调查分析企业文化的优势和不足

组织行为学的观点认为，企业文化是指企业成员共有的一套意义共享体系，它使组织独具特色，区别于其他组织，这个意义的共享体系实际上是企业所看重的一系列关键特征。调查和分析一个企业的企业文化是比较复杂和困难的，但也是很重要的一个课题。

1. 企业文化调查的步骤和方法

从企业文化角度认识一个企业，比单纯从财务指标或者年报上更深入、更透彻一些。假设一个外部人空降到一个企业担任高管，除了了解这个企业的财务状况、人员构成之外，最好能尽快准确把握这个企业的企业文化。企业文化调查便是这样一个工具。

要进行企业文化调查，需经过以下几个步骤。

（1）对企业总体情况进行了解。包括企业的历史情况、人员构成、目前的经营管理状况、人员素质、管理水平、产品竞争力、品牌价值等方面。实际上，这是任何一个空降或是外聘高管都要做的事。

（2）了解这个行业的背景。包括行业的历史与现状、行业竞争力、从业人员文化倾向、相关行业的企业文化特征、市场竞争情况、市场人员精神状态与工作状态、市场前景影响力、市场从业人员对企业整体的认识。

这是从行业的中观层面来认识把握企业的，主要从市场角度切入，这是非常准确的。因为企业是市场竞争的主体，是企业的主要生存环境。市场和营销人员最能反映和评价企业的文化优劣。

（3）通过一系列具体调查活动来认识和评判企业文化。包括问卷调查、座谈、个别交流、书面材料研究、高层专访、随机访问、现场观察等方式。这些方式，是真正走入企业进行企业文化调查的具体步骤。

问卷调查，要注意问卷设计、发放范围、操作方法、统计分析。座谈要注意座谈对象、内容设计、过程控制和引导等环节，还要关注一些细节。高层专访也要进行内容设计，提前准备，注意把握关键点。书面材料研究，则主要是从文本内容尤其是企业的历史来了解企业。现场观察是很重要的方式，要重点考察厂房车间布局、产品包装、物料存放、设备设施情况、员工服饰与精神面貌、文字及宣传栏情况、对外人的态度、食堂宿舍。这些方面，基本可以反映一个企业整体的物质风貌和精神风貌。

以上都是从一些方法层面去了解企业的整体文化特征。

2. 企业文化调查的主要特征

从组织行为学角度来说，企业文化是企业成员共有的一套意义共享体系，它使企业独具特色，以区别于其他企业。这个意义的共享体系实际上是企业所看重的一系列关键特征。研究表明，其主要有七项主要特征（见表3－1）。

表3－1　企业文化调查的主要特征

特　征	说　明
创新与冒险	员工在多大程度上受到鼓励进行创新和冒险。这是一个很重要的问题
是否注意细节	员工在多大程度上被期望做事缜密、仔细分析和注意细节

续　表

特　征	说　明
结果取向	管理层在多大程度上考虑到决策结果对组织内成员的影响。换句话说，管理层是否只问结果，不问过程，或者主要以结果来决定组织成员
人际取向	管理决策在多大程度上考虑到决策结果对组织内成员的影响。管理层在决策时，是否考虑到每项决策对人际关系的影响，对企业员工利益的影响
团队取向	工人活动在多大程度上以团队而不是个体进行组织。是重视团队，还是鼓励个人
进取心	组织成员的进取心和竞争性（而不是随和性）的程度如何
稳定性	企业活动在多大程度上强调维持现状而不是成长和发展。企业在变革方面的程度如何

表3－1每个特点都表现为一个从低到高的连续体。根据这7个特征来评价企业，就能得到一幅企业文化的构成图。这幅图构成了企业成员对于企业、企业中的活动风格、企业成员的行为方式共同理解的感情基础。企业调查活动应该围绕以上7个方面进行，才能获知企业文化的风貌。

3. 调查中注意把握的问题

一个企业的主文化就是企业的核心价值观，在企业文化调查中，企业核心价值观是否被企业成员所广泛认知，是衡量一个企业是否具备强文化的标志。组织的核心价值观得到强烈而广泛的认同，就是强文化。接受核心价值观的组织成员越多，对核心价值观的信念越坚定，组织文化就越强。强文化会对其员工的行为产生巨大的影响，在组织内创造一种强有力的行为控制氛围。

企业文化调查不能凭想象推断，只有扎实深入开展调查，才能基本准确认识一个企业的文化状况，对一个企业有全面、深入的认识。

4. 企业文化分析的意义

要想客观评价本公司的企业文化，仅靠问卷调查是远远不够的，需要在企业文化调查的基础上，运用辩证思维和现代科学思维的基本方法，对一个企业内部企业文化生成和发展的各要素以及一个企业外部影响该企业的企业文化生成和发展的各环境要素进行分析。显然，企业文化分析是企业文化调查的继续，企业文化调查的深入和展开，在思维上是一个由感性上升到理性的过程。

企业文化分析的意义就在于：缺少了这一环，就不能从整体上和本质上真正把握一个企业所呈现出来的企业文化特质和缺陷，也就不能为这个企业的企业文化建设和实践真正指明道路和方向。

5. 企业文化分析的内容

一般说来，企业文化分析主要包括以下内容：企业文化的内容分析、企业文化的特征分析、企业文化的功能分析、企业文化的结构分析、企业文化的载体分析等。这里主要介绍以下三种企业文化分析模式（见表3－2）。

表3－2　企业文化分析的内容

分析模式	模式解析
环境分析	指的是将企业文化作为一个系统，而与这个系统发生信息、质量和能量传递与交换的各种外部因素。采用辩证思维和现代科学思维的基本方法，对影响一个企业的企业文化生成与发展的各种相关环境因素做出剖析的活动和过程。一般说来，当今影响中国企业文化建设的环境因素不外乎以下几个方面：民族化因素的影响；制度文化因素的影响；外来文化因素的影响；企业传统文化因素的影响；企业家的个人文化因素的影响；行业文化因素的影响；地域文化因素的影响

续　表

分析模式	模式解析
阻力分析	以影响企业文化生成和发展的各种阻力为中心的企业文化分析。其目的就是要发现企业文化生成与发展的不利条件和影响企业文化绩效提高的主要因素，以利于企业主在企业文化的构建和重塑中加以克服和扬弃。从总体上看，影响中国企业文化建设的障碍来自宏观和微观两个方面。这些障碍既有体制的原因，也有企业内部组织的原因，还有社会大文化的原因。不充分认识并积极消除这些障碍，建设企业文化就很可能成为一句空话。这些障碍主要表现在企业经营目标的二元化、企业管理思想的模糊化、职工主体意识的淡漠化、企业文化活动的简单化、企业文化理论的贫乏化等方面
优势分析	以影响企业文化生成和发展的优势为中心的企业文化分析。其目的就是要找到企业文化生成和发展的有利条件以及实现企业文化绩效优化的主要因素，以利于企业在企业文化的构建和重塑中加以强化和发扬。不同企业的企业文化，其优势各有不同，但普遍性总是要通过特殊性表现出来的。中国企业的企业文化的成长过程中的优势往往表现在政治化优势、一体化优势、民主化优势、社会化优势、传统文化优势等方面

6. 企业文化的分析方法

为了正确收集资料，分析组织的文化，一般可采用以下四种分析方法。

（1）分析组织内新成员被原有群体同化的过程与内容。通过访问新成员的上级或较早进入企业组织的同事，了解该群体文化的一些重要方面。但是，仅用这种方法不能发现文化中许多方面，因为新成员本身或其下属成员不能揭示出文化的内容。

（2）分析企业在历史上对重大的经营事件的反应。通过查阅文件、访问或调查组织现在与过去的主要成员，可以弄清企业文化的每个重要时期，了解到每一时期的主要事件与危机。在此基础上，管理人员可以进一步研究企业当时采取的行动、行动的宗旨和结果，揭示企业组织的基本假设。

（3）分析组织内部“文化创造者”或“推行者”的信念、价值观和行为准则。通过访问组织的创始人、现任领导或文化创始人、推行人，进一步了解他们对企业文化的影响。

（4）与组织成员共同分析出现的异常现象或特征，揭示出基本假设。管理人员在选择组织成员时，要考虑他们的文化代表性以及这些成员是否有兴趣揭示出他们的基本假设。

前三种方法探讨了一个企业组织对外部环境的适应能力和组织内部形成一致的价值观念的问题，即外部适应性与内部一体化的全部问题。最后一种方法是要借助企业组织内部的力量，深入地揭示该组织的文化特征。如果一个企业组织的总体文化尚未发展起来，或者一个组织内部都存在着发达的分支文化，管理者还需要进一步改进这些方法。

确定针对新战略所需要的新文化

企业文化与企业战略看似两个泾渭分明的概念，但二者却有着十分密切的联系。二者之间的关系主要表现在以下两个方面。

一方面，优秀的企业文化是企业战略制定获得成功的重要条件。优秀的企业文化能够突出企业的特色，形成企业成员共同的价值观念，而且企业文化具有鲜明的个性，有利于企业制定出与众不同的、克敌制胜的战略。

另一方面，企业文化是战略实施的重要手段。企业战略制定以后，需要全体成员积极有效地贯彻实施，正是企业文化具有导向、约束、凝聚、激励及辐射等作用，激发员工的热情，统一企业成员的意志及欲望，为实现企业的目标而努力奋斗。

严格地讲，企业战略制定以后，需要企业的全体成员积极有效地贯彻实施，正是企业文化具有的导向、约束、凝聚、激励及辐射等作用，激发了员工的热情，影响着广大的消费者，成为战略实施的重要手段。也就是说，当企业战略制定之后，企业文化应该随着新战略的制定而有所变化。然而，当企业制定了新的战略并要求企业文化与之相配合时，由于企业文化的变革速度非常慢，很难马上对新战略做出反应，以至于成为实施新战略的阻力。

某公司是一家实力雄厚、历史悠久的国有电力勘测设计单位。经过多年的发展，该公司的业务领域涉及电力工程勘测、设计、咨询、监理、总承包等，是实力很强的单位。我国加入 WTO 以后，为应对市场竞争的挑战，该公司和国内其他勘察设计单位一样，迈开了体制改革的步伐。

在当时，与建设具有国际竞争力的战略对企业文化的要求相比，该公司的企业文化总体特征表现较弱，诸如，企业文化的特色不够鲜明和突出，企业文化在企业发展中发挥的作用非常有限；企业文化的宣传力度不够，员工对企业文化的潜在功能和重要意义理解不深，对企业文化于企业战略转型的重要性认识不足；企业文化理念体系的提炼不够准确，员工对企业理念体系的认同度有待于进一步提高；企业文化制度不成体系，某些企业制度没有与企业理念保持一致等。

由于该公司的企业文化不能很好地适应企业战略转型的需要，最后造成这家公司在新的市场环境中步履维艰，连生存都很困难。

那么，企业文化如何有效配合企业战略转型？从实践来看，企业文化随着企业战略进行转型有四种情况（见图3－1）。

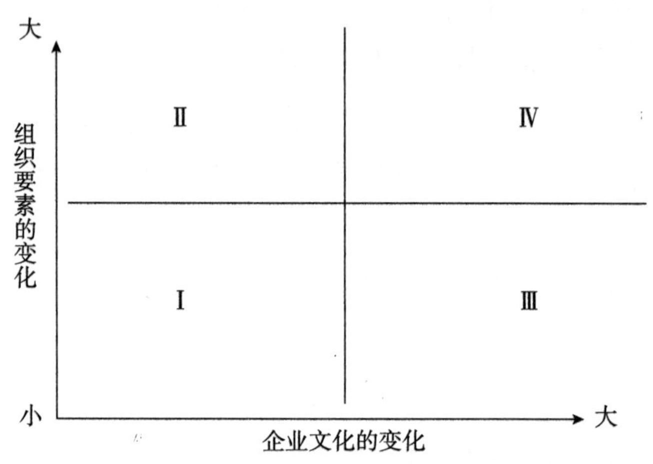

图3－1　企业文化与组织要素变化象限图

图3－1中第一象限是指企业实施战略转型时，企业组织要素变化不大，而且这种变化与企业原有文化一致。在这种情况下，高层管理者主要考虑两个问题：一是进一步巩固和加强现有的企业文化；二是利用企业文化相对稳定的特点，充分发挥现有企业文化对企业战略转型的促进作用。

图3－1中第二象限是指企业实施战略转型时，企业组织要素发生很大的变化，但这些变化与企业的原有文化有潜在的一致性。这种情况大多是企业的效益比较好，他们根据自己的实力，寻找可以利用的机会，以求得更大的发展，或者他们总是试图扩大自己的主要产品和市场，以求得发展。这种企业处于一种非常有前途的地位，他们可以在现有企业文化的大力支持下，实施战略转型。在这种情况下，高层管理者主要考虑三个问题：一是发挥企业现有人员的作用，由于这些人员保持着企业原有的价值观念和行为准则，可以保证企业在原有文

化一致的条件下实施变革；二是在必须调整企业奖惩制度的时候，要注意与目前企业的奖励措施相衔接；三是尽量不要破坏企业已经形成的行为准则。

图3－1中第三象限是指企业实施战略转型时，企业组织要素变化不太大，但这些要素的变化却与企业原有的文化不太协调。在这种情况下，企业的高层管理者往往在生产经营中，在不影响企业总体文化一致的前提下，对某种经营业务实施不同的文化管理，但同时要注意加强全局性协调。

图3－1中第四象限是指企业实施战略转型时，企业组织要素发生了很大的变化，而这些变化与企业原有的文化很不一致。在这种情况下，企业就必须考虑采取四个方面的措施：一是企业的管理层要下定决心进行变革，并向全体员工讲明变革企业文化的意义；二是为形成新的企业文化，企业要招聘一批具有或者能够接受新企业文化的人员，或在企业内部提拔一批与新企业文化相符的人员；三是要奖励具有新企业文化意识的分部或个人，以促进企业文化的转变；四是要让全体员工明确新企业文化所需要的行为，按照变革的要求工作。

从理论和实践上看，改变企业文化最有效的办法就是进行重大的人事变动，更换领导人员，聘用新的员工，并对他们灌输新的价值观念。同时，对员工加强教育和培训，抓住每一个机会不断使员工理解实施战略转型的必要性及重大意义，最终使新战略与广大员工的价值观念达成一致，从而实现企业文化的变革。

总之，企业需要培育良好的企业文化，制定合适的企业战略。在企业的发展中一旦二者有冲突，就要对文化进行变革。重视和保存现有企业文化中那些优秀的、利于企业长久发展的部分，为企业提供良好的发展环境，使企业最终取得更高效益。

拟订企业文化建设的战略性计划

当前企业文化规划的误区在于酷爱捣鼓“口号”和着迷包装“手册”，然而这些战术性的东西根本无助于改变企业的经营绩效或者竞争能力，企业文化背上“空洞无物”的黑锅正归因于此。只有对企业文化进行战略性规划，才能真正地起到经营层面的影响。

华为公司对企业文化建设的战略性阐述非常详细，其中，在核心价值观的追求上，“在电子信息领域实现顾客的梦想，并依靠点点滴滴、持之以恒的艰苦追求，使我们成为世界级领先企业”；在社会责任上，“我们以产业报国，以科教兴国为己任，以公司的发展为所在社区作出贡献。为伟大祖国的繁荣昌盛，为中华民族的振兴，为自己和家人的幸福而不懈努力”；在公司的成长上，“我们必须在人才、技术、组织和分配制度等方面，及时地做好规划、开发、储备和改革，使公司获得可持续的发展。”

华为公司的企业文化战略值得借鉴。一般来讲，企业如何拟订企业文化建设的战略性计划呢?

1. 明确企业文化建设目标

企业文化的建设目标从来都不是孤立的，它源于企业的总体经营战略，并对总体经营战略起支撑作用。从这个意义上说，那些惯常设定的“凝聚力”“形象提升”是可笑的，是注定不可能实实在在改善企业经营绩效的，它只是一件好看的衣服，而衣服下面什么都没有。在这里，建议采用平衡计分卡的办法，以协助企业明确企业文化建设目标。

平衡计分卡作为一种战略绩效管理及评价工具，主要从四个重要方面来衡量企业（见表3－3）。

表3－3　平衡计分卡的衡量方式

衡量方式	含　义
财务角度	企业经营的直接目的和结果是为股东创造价值。尽管由于企业战略的不同，在长期或短期对于利润的要求会有所差异，但毫无疑问，从长远角度来看，利润始终是企业所追求的最终目标
客户角度	如何向客户提供所需的产品和服务，从而满足客户需要，提高企业竞争力。客户角度正是从质量、性能、服务等方面，考验企业的表现
内部流程角度	企业是否建立起合适的组织、流程、管理机制，在这些方面存在哪些优势和不足？内部角度从以上方面着手，制定考核指标
学习与创新角度	企业的成长与员工能力素质的提高息息相关，企业唯有不断学习与创新，才能实现长远的发展

2. 选择企业文化战略

目标明确后应选择得当的战略。企业文化战略分为“集团企业文化战略”和“业务单位企业文化战略”。

对于一个多元化的拥有不同性质业务单位的集团企业而言，迫切需要建立一种共性的企业文化，以实现在不同业务之间建立一种纽带关系，充分发挥“大兵团作战”的协同效应，这就是集团企业文化战略的任务。

根据研究，有三种基本类型的集团企业文化战略，即创新型文化战略、流程型文化战略和顾客型文化战略（见表3－4）。

表3－4　企业文化战略的基本类型

类　型	含　义
创新型文化战略	是以创新活动为主题的文化形态，主要指人们理解创新、研究创新、推动创新的价值理性和行为取向。只有当创新文化成为一个集团企业的主流文化的时候，支撑企业战略的文化基础才可能真正夯实
流程型文化战略	其特点是责任、自治、冒险和不确定。以流程为中心的组织关注顾客，必须重视塑造流程型的组织，以及相应的文化氛围。只有优秀的流程参与者，即员工，才能产生高效的流程绩效
顾客型文化战略	是企业在以客户为导向进行经营的过程中形成的，并为全体员工所遵循的共同意识、价值观念、职业道德、行为规范和准则的总和，也是企业以客户为核心的文化模式

表3－4中3种基本类型的企业文化战略并无高下之分，但是在特定的行业背景和员工素质的情况下，可能选择某种类型的企业文化战略比其他的战略类型拥有更强的适应性，这正是企业需要权衡考虑的。而选择一旦完成，将形成企业的“文化基因”。

每一个业务单位都有自己独特的业务模式，与其他业务单位的差异程度决定了有两种基本的业务单位企业文化战略可资选择，即因袭文化战略和独创文化战略（见表3－5）。

表3－5　业务单位的企业文化战略选择

类　型	含　义
因袭文化战略	母公司具有系统企业文化时，子公司遵循统一的企业文化。在母公司实力强、知名度大的情况下，利用母公司企业文化优势形成的文化

续　表

类　型	含　义
独创文化战略	独创自己的企业文化模式，且可能与母公司企业文化相异，与母公司行业差异大；或在子公司自身实力强的情况下，根据子公司特质塑造的企业文化

万法归宗与和而不同。子公司拟订企业文化建设的战略性计划时，在很大程度上是与母公司文化的“价值”对接，体现了文化多元化的丰富、完善与发展。

3. 确定企业文化定位

确定企业文化的定位相当重要，它揭示了企业文化的核心价值观；建立在核心价值观基础上的企业文化结构，完整展示了企业文化的全貌。

在中国，百年老店同仁堂，“炮制虽烦，必不敢省人工，品位虽贵，必不敢减物力”不仅仅是创始人传承下来的永久的训规，也是其企业文化的核心体现，而“同修仁德，济世养生”所映射的价值观，更是成为企业内部维持不变的道德规范。同仁堂的企业文化，并没有写成大字标语挂在墙上，也没有编成手册强制背诵，但已经生长并扎根在员工的心中。今天看来，同仁堂的企业文化吻合其自身的行业特点与企业特色，真实地反映了企业的价值取向与经营哲学，不仅具有鲜明的个性，更易得到员工的共鸣。

企业文化不是照搬照抄，也不能照搬照抄，一定是只适合自己企业发展的文化，在某种程度上讲，企业文化适合自己的才是最好的，这就像找一双最适合自己双脚的鞋一样，不能光图好看，更要看穿上以后舒不舒服，这样，才能一路走下去，取得最后的胜利。

企业文化定位是企业文化的核心，也就是企业的核心价值观，它决定了企业文化的本质特征。企业的文化定位包括六大因素：愿景、经营领域、成长方向、竞争优势、战略成功保证、价值观体系（包括总体价值观、对股东的价值观、对顾客的价值观、对员工的价值观、对合作伙伴的价值观、对社区的价值观、对公众的价值观）。

4. 企业文化的联想物

企业文化是企业形象的源泉，企业形象就是企业由内及外对整体的感受、印象和认知，是企业状况的综合反映。所以企业文化的建立过程，也是一个企业文化联想物确立的过程。

企业文化联想物包括企业的文化标语、企业的励志歌曲、企业的标识等。

企业文化标语又称企业文化挂图、企业文化口号、企业宣传标语等。企业文化是一个组织由其价值观、信念、仪式、符号、处事方式等组成的特有的文化形象。而企业文化标语则是将这些价值观或形象以具体的文字配合图形体现出来，并张贴或悬挂于企业内部的办公区域。

企业励志歌曲，顾名思义，是以达到激励员工，激发员工士气，提高员工工作动力和精神动力的目的而创作的歌曲。企业励志歌曲属于企业歌曲的范畴，是企业歌曲中的一种，其主要受众传唱的范围大多只针对企业内部全员，也可以用于对外展示或宣传。

企业标识是通过造型简单、意义明确的统一标准的视觉符号，将经营理念、企业文化、经营内容、企业规模、产品特性等要素，传递给社会公众，使之识别和认同企业的图案和文字。企业标识是视觉形象的核心，它构成企业形象的基本特征，体现企业内在素质。企业标识不仅是调动所有视觉要素的主导力量，也是整合所有视觉要素的中心，更是社会大众认同企业品牌的代表。因此，企业标识设计在整个视觉识别系统设计中具有重要的意义。

总之，拟订企业文化建设的战略性计划是一项系统工程，只要根据自己企业的实际情况，明确目标、选择战略、做好定位等，那么，这样的企业文化战略就会奠定企业经营战略的基础，从而对企业的继续发展壮大形成巨大推动力。

通过各种途径宣贯企业文化

企业文化建设，实际上就是解决“制订企业文化战略性计划”和“企业文化宣贯途径”两大难题。企业文化建设的战略性计划制订以后，接下来就是解决宣贯企业文化的问题了。

企业文化宣贯的途径有很多，如会议、日常管理、教育培训、媒介、活动等（见图3－2）。

1. 会议途径

会议的过程是工作的过程、学习的过程，尤其是团体学习的过程。它传播着企业价值观、规章制度及行为规范，更传播着对企业物质文化与精神文化的判断。这正是“企业”文化“企业人”的过程。随着这种活动的反复开展，企业的文化理念也随之逐步渗入了企业人的血

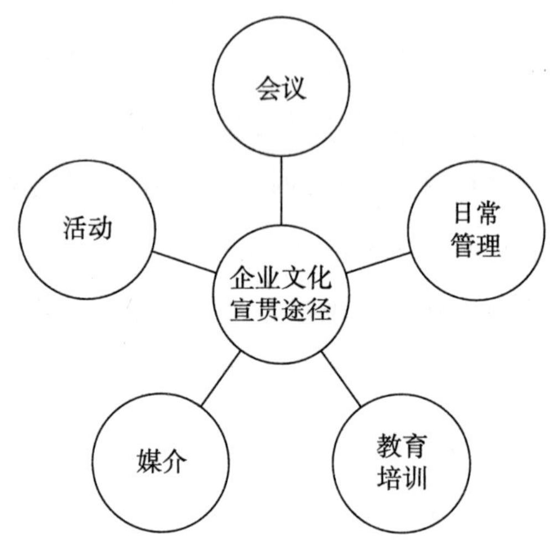

图 3－2　企业文化宣贯途径

液中。

企业会议的类型很多，如党务工作会议、行政工作会议及工会；企业工作会议、部门工作会议、车间工作会议及班组会议；室内会议、现场会议、电视电话会议及网络会议。它是企业文化宣贯推广的过程。

2. 日常管理途径

若企业文化与企业管理存在“两张嘴皮”，则企业文化理念就无法落地，企业管理品质就难以实现提升，甚至蔓延了劣质的企业文化。唯有两者紧密结合，才能提升企业管理的水平与品质。

日常管理过程中，企业文化的行为层和物质层在传播，即员工或团队看到企业的行为规范、听到企业的听觉识别体系，都在提醒自己须与企业要求同行。这些都是企业文化传播的过程。因此，企业管理者应运用企业价值观来指导员工的日常工作与学习，运用企业制度来衡量日常工作与学习。

3. 教育培训途径

教育培训是一种组织传播、一种人际传播。培训内容、培训讲师、培训质量及培训环境，都会直接或间接地影响人的思想与行为。为此，通过企业文化培训，可以不断把文化理念植入企业人的骨髓，改变企业人的心智模式，促使企业人依着企业文化理念去执行任务与完成工作，形成良好的企业氛围。

诚然，企业文化培训应该根据企业人的层次不同，具体培训的内容须有轻重之别。一般而言，对基层员工进行企业文化培训时，只要求受训者知其然，而不必知其所以然；对企业一般管理者进行企业文化培训时，既要求受训者知其然，又要求知其所以然；对企业领导与部门、车间主管进行企业文化培训时，既要求受培训者知其然、知其所以然，又要求了解那些成功企业文化实践的典型案例、企业文化理论发展的脉络。

4. 媒介途径

媒介之所以成为媒介，是由于存在一定的受众和潜在受众群。它不断地通过视觉系统和听觉系统，向企业人传播着企业文化。企业文化在媒介反复呈现，就会促使企业人形成思维定式、习惯。一旦习惯确立，企业文化也就真正落地了。

媒介可分为对内传播媒介与对外传播媒介。对内传播媒介涵盖了企业的局域网、有线电视台、广播、报纸、简报、室内外看板等；对外传播媒介涵盖了地域性、全国性与国际性大众传播媒介、产品及包装设计等。它们一部分内容直接反映了企业文化，另一部分内容则间接体现了企业文化。为此，这些媒介都是企业文化推广的途径。

5. 活动途径

企业文化也可以通过企业举办的各种文化活动进行传播、渗透。通过这种推广途径，往往间接地、潜移默化地促使企业人接受企业文化的熏陶。也可以说，这种途径，最容易把意识层面（如文化理念）转化为行动层面，最终实现企业文化自觉。

为此，企业在采取以上各种企业文化宣传推广途径外，还可以举办“先进个人与团队的评比与表彰”“技术比武”“安全演练”“岗位练兵”“拓展训练”“征文活动”“演讲比赛”“运动会”“文艺晚会”等丰富多彩的活动。

总之，企业文化要得到员工的认同，必须采取形式多样、内容丰富、生动活泼的宣贯方式方法，通过多种形式引导员工学习企业文化理念，感受理念，营造“学文化，运用文化，执行文化”的深厚氛围，使广大员工能够从多角度接触、感知、认知企业文化理念。

制定企业文化建设管理制度

企业文化要起到推动企业实现战略发展目标的作用，就必须建立与企业管理相匹配的制度，把企业文化充分体现在企业制度管理体系中，从而保证文化建设工作有组织、有计划地组织实施。

企业文化必须配有相应的制度流程，就像一个国家不能光靠道德约束，还得有法律条文。在这方面，海底捞将企业文化与制度流程进行融合，取得了很好的效果。

为保证客户体验，海底捞制定了一整套的流程，从顾客等待的免费擦皮鞋、美甲、上网服务，到顾客入座后，为顾客送上绑头发用的皮筋、围裙、手机套等，到就餐期间，服务员不时会递上热毛巾，添加茶水，对戴眼镜的客户送上眼镜布等。这些制度、流程看似僵硬，运用妥当，却全在于员工的灵活把握。比如，第一负责人制度，任何员工接到客人的要求后，他就成了第一负责人，他必须对客人的要求负责落实，而不是告诉相应的同事就完事了。每天的菜料要留底，以便对食品的质量安全做跟踪检查。

海底捞对每个店长的考核，只有两个指标，一是客人的满意度，二是员工的工作积极性，同时要求每个店按照实际需要的110%配备员工，为扩张提供人员保障。海底捞的制度不是贴在墙上的，而是在晚课上由店长和员工一起讨论讲解，让员工参与进来，为鼓励员工的互动参与，对积极主动的员工发放小礼物作为奖励。在海底捞，员工犯了错误，责任由领班承担，或挨批评或罚款。培养后续储备干部，是海底捞对中高层管理人员的一个重要考核指标。公司甚至规定区域领导每个月必须去员工的宿舍生活三天，去亲自体验员工的衣食住行是否舒适，以便及时地改善。

有了高度言行一致的企业文化及制度流程保证，海底捞之所以“火”的原因便可以理解。由此可见，企业文化、制度流程为一个公司持续发展的两轮，缺一不可，没有制度流程的企业文化太虚，而只有制度流程，没有企业文化则会太僵，不能发挥员工的创造性。

1. 企业文化制度化

企业文化制度是企业文化落实中的重要成果方案，因此，将企业文化制度化是企业文化建设的重要举措。企业文化制度化包含10个管理细节及要点（见表3－6）。

表3－6　企业文化制度化的主要内容

节　点	内容及意义
文化规范描述	企业文化应有明确具体的文件进行描述，且文件系统对各项文化要素阐述完整。规范的描述，有助于员工按统一的要求理解文化，实践相关的要求
文化行为制度化	对企业文化的管理、宣传、检查、各类活动的操作方案等，都应有明确制度
仪式和习俗管理	文化习俗包括日常问候、管理行为、企业庆典、企业研讨、聚餐及业余活动等，都应有必要的规范，使文化在行为细节中得到宣传，达成潜移默化的影响
推行方式制度化	企业文化也需要投入必要资源，进行内部和外部的推广，使更多人员认识文化价值、理解文化内涵，认同文化所要求的行为。文化推广方式应有不同的规则，对内与对外会有明显差异
企业标识阐述	企业标识是企业文化的符号，也是企业品牌的符号。对符号的文化性阐释，会使简单的符号更好地代表企业核心价值和理念。在确定企业标识时要求符号便于识别和传播，标识阐述应完整、准确、简洁、具体
文化象征物阐述	有些企业有明显的象征物，无论厂区或办公室显眼位置，如果有文化象征物，则应加以阐述，使员工了解其象征意义。文化象征物也代表了企业文化的核心价值观
文化内涵阐述	文化内涵常包括创新、团队导向、集体学习力、进取心、关注细节和结果导向等，需要根据企业自身特点及价值观，进行完整、细致、简洁、清晰的阐述，易于使员工理解并积极实践
结构管理文件化	企业对物质文化、行为文化、制度文化和精神文化四个维度的管理，制定明确的文件，通过文件的应用和固化，便于更准确地理解文化要求，推行文化实践

续　表

节　点	内容及意义
制度宣传执行	文化制度的推进，同样需要沟通、宣传，文化制度如活动操作过程、仪式执行等，都应有相应的规范
制度检讨修订	对文化落实所需执行的各项制度，应定期检讨和评审，通过对执行过程的信息的收集和分析，及时调整和修订文化阐述、修订和检讨改进。检讨范围包括制度、文化阐述和执行方式等

2. 制定企业文化管理制度的目的、内容与原则

制定企业文化管理制度的目的在于，全面提升员工凝聚力，形成符合企业战略的企业价值观、经营理念、企业精神和管理理念，并在实际工作中加以推行，提升企业管理水平，形成强有力的企业文化和企业竞争力。

制定企业文化管理制度的主要内容，包括总则、企业文化管理机构、企业文化理念管理、企业文化行为管理、企业文化制度管理、企业文化物资管理、企业文化实施管理、附则等。

制定企业文化管理制度的原则，一是符合企业战略；二是符合行业特性；三是激励原则；四是约束原则；五是一致性原则（见表3－7）。

表3－7　制定企业文化管理制度的原则

原　则	含　义
符合企业战略	企业文化必须符合企业的发展战略，对企业发展起到支持和推进作用
符合行业特性	企业文化必须符合行业的特点，如本行业生产、研制、营销、人力资源等的特点
激励原则	通过塑造强有力的企业理念体系并体现在企业的各项工作中，增强员工士气，提高企业凝聚力

续 表

原　　则	含　　义
约束原则	优秀的企业文化可以对员工行为起到约束作用，规范员工的行为
一致性原则	企业文化在理念、制度、行为和物质层面都必须保持一致

建立有文化导向作用的管理流程

如果一个公司希望持续发展、争取将员工们的潜能释放到最大，那么建立有文化导向作用的管理流程是必不可少的。下面我们设计一种以文化为导向的管理流程方法，通过将文化与战略的完全融合，为企业量身打造一套科学的管理体系。

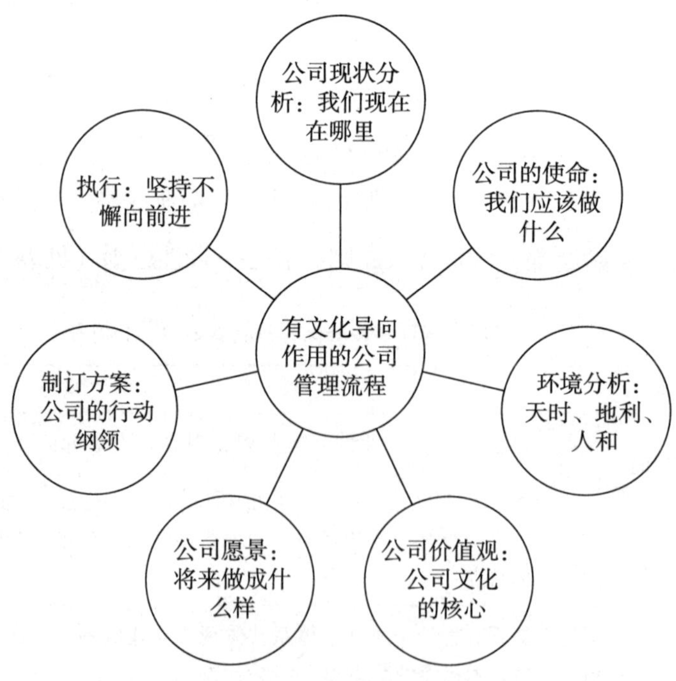

图3－3　有文化导向作用的公司管理流程

这套流程由七个步骤组成为一个闭环，每一个步骤均以上一个步骤为前提（见图3－3）。同时需要指出的是，这是一套动态的、持续运转的、永不停止的组织发展流程图。也就是说，公司可以对照此图检查自己的战略以及文化的现状、目标、行为表现和发展方向。

从图3－3中，我们能够清楚地看到需要关注的具体内容，它包含了公司的具体步骤：现状、使命、愿景、环境分析、价值观、愿景、发展方案和具体实施。由于这七个部分是动态的，所以我们需要对这七个方面进行不断的分析、定位、讨论、修改、输出的操作，从每日的我们“做”什么转变到我们“如何”做，才能够获得质的飞越。

1. 公司现状分析

有文化导向作用的管理流程第一步是对公司当前的实际状况进行分析。其具体任务是，正确地界定公司当前业务以及业务领域，然后在可靠、可行的基础上准备建立变化的流程，为下一步使命的制定提供帮助。

我们可以用不同的方法来分析和确定公司目前的状况，建议考虑的因素包括市场反映、产品组合、财务、技术水平、当前客户结构等。对公司目前状况分析的目标是画出公司存在业务的详细图表，越具体越好，以便使公司对市场、竞争者以及技术的分析简单化、客观化。

2. 公司的使命

在分析完公司现状后，应该初步建立企业的业务目标，如究竟客户需要什么？我们如何满足客户的需求？对于公司业务目标的描述应当力求具体、言简意赅，最后完成一份公司使命的陈述资料。

这套公司使命的描述性文件应该清楚地表述出业务范围，将其作为公司员工行动的向导，告诉企业和员工哪些事情是必须做的，哪些事情能够做、哪些事情不能够做，我们现在有哪些业务、哪些业务我们还没有开展。

3. 环境分析

在建立了一份完整、准确的公司使命文件之后，我们就可以通过优势、劣势、机会、威胁矩阵分析公司的业务定位，这些分析可以帮助我们找出使命业务的潜力和薄弱环节。

公司最理想的情况就是将业务完全建立在自己的优势之上，尽量弥补或者避开自身的弱势和不足，充分利用机会，尽量消除风险。我们在做上述分析的时候，要彻底地、认真地分析各种优势、劣势、机会和威胁。但是，有些时候人们在分析时经常会将一些主观偏见掺杂其中，对此应该尽力避免。只有最诚实的、客观的、从批评性角度进行的分析，才能够得到最真实的数据。需要注意，在这套分析模型中，包含了一些可预期的变化、可能会影响业务的未来趋势等环境因素，比如政策的变化、技术创新、市场变化、社会制度变革等。

4. 公司价值观

价值观是一个公司的灵魂，代表着企业的个性与特点，能够将自己与其他同类的企业区分开。价值观是无形的，难以把握的，它渗透在公司的每个角落，是企业文化的重要组成部分，作用十分巨大。关于核心价值观问题，我们在前面已经做过详尽的阐释，故此处不再赘述。

5. 公司愿景

到目前为止，我们已经完成了针对公司的市场地位及状况的分析，这是建立有文化导向作用的管理流程时所必须完成的首要任务。但是，更艰巨的任务还在后面，制定公司的发展目标可能是在变革过程中最令公司高层头疼的事情，这个目标必须能够被清楚地解释为公司最终达到的状态，哪些事情是公司的发展重点，什么能够作为新的能量注入公司。

关于愿景问题，我们在前面也已经做过详尽的阐释。在这里要说的是，在这一个环节建议用一两句标语、口号言简意赅地描述公司愿景，因为这种方法不但有利于愿景的交流、传播，而且还能使员工较容易的记住它们。

6. 制定行动纲领

在公司的当前状态与公司拟达成的未来状态之间有一条鸿沟，需要公司的所有部门、全体员工共同努力才能够跨越。为了达成愿景，公司必须要决定哪些事务必须做出改变，以及哪些事务需要继续下去直到最终完成。因此，公司里每一个部门都应该认真制定自己的发展目标和计划，以便能够更好地融入整个公司的发展之中。

按照这种方式工作，公司的部门和组织可以向公司管理者提出如何去做才能够帮助公司达成愿景的意见，这样，公司的管理者们就可以从公司内部员工之中收集信息和意见，从而制定、决策好的方法，以便公司能够尽快地跨过这条鸿沟，达成愿景。

7. 坚决持久地执行

制定行动纲领后应该在日常不断地进行重复性管理，这是公司战略变革最基本的手段和管理工具。运用这套现代化的、科学的管理方法，可以帮助企业的各种文化在公司发展过程中同时得到和谐发展，从而真正做到文化与战略相融合，文化渗透到公司发展的每一步脚印中，为企业战略的实现提供强大的动力支持。

在战略的具体实施过程中，由于周围环境变化的不确定性以及受不可预见性因素的影响，以前的方案可能需要进行必要的调整，管理者们需要按照七要素的管理流程不断地自我评价、分析、检测、修改，以便得到更适合的发展方案。

总之，建立有文化导向作用的管理流程，能够使管理者们打开参与管理的大门，让更多的人参与进来，增强他们的责任心与主动性。企业管理者们只有充分重视企业文化的作用、将企业文化与具体管理战略密切融合，才能够使企业在变化无常的市场大潮中认准航向，“乘风破浪会有时，直挂云帆济沧海”！

考核与评估企业文化建设成果

考核与评估企业文化建设成果在整个企业文化建设中是一项举足轻重的工作。它是对企业文化建设的过程分析、成果鉴定和工作流程的检验体系，是企业文化建设系统的策略和方法。目的就是找准企业文化建设的立足点和落脚点，因地制宜，有的放矢地设计和实施企业文化建设。

1. 企业文化建设成果考评的原则

考核评估企业文化建设成果，是一个从实践、认识，到再实践、再认识，循环往复、不断提高的过程。因此，应该遵循三项基本原则，即动态性原则、系统性原则和实用性原则（见表3－8）。

表3－8　　　　评估企业文化的基本原则

基本原则	释　　义
动态性原则	有的企业在长期的发展过程中，积淀了自身独有的企业文化。而企业文化建设又是随时代发展而与时俱进的。因此，评价体系的建立要注意时效，要考虑企业的历史和现实，追踪和预测企业发展
系统性原则	企业文化评价体系是一个由相互联系、相互依赖、相互作用的部分和层次构成的有机整体。它的设立会涉及企业的各个方面，因此，在这一体系的构建中要保持其完整性和协调性。从企业文化的功能、内部结构及相互关联的方面综合评价和分析
实用性原则	企业文化建设评价体系最重要的原则就是实用，使其必须与企业的各项经营活动融合起来，不要脱离企业实际、脱离企业管理的全过程、脱离职工的实际思维方式等

2. 如何考核企业文化建设成果

企业文化建设成果的考核应从企业文化建设的全过程着眼，逐项检验企业文化建设工作的科学性、系统性、完整性、时效性等，以及各项企业文化建设工作目标和任何的执行情况等。其具体内容体现在四个方面（见图3－9）。

表3－9　　　　考核企业文化的具体内容

工作体现	具体内容	作用与意义
文化诊断评估工作考核	企业文化建设前是否开展了企业文化诊断评估工作；企业文化诊断评估工作的专业性和严谨性，查看工作日志和工作总结，企业文化诊断评估报告的系统性、科学性、逻辑性和充实性以及数据的准确性等	通过专业的、中立的企业文化诊断工作，对企业文化的历史、现状和未来期望进行分析、比较、评估，并对企业文化的优秀因子进行系统的梳理和确认，以形成企业文化理念体系和行为规范及各项制度建设的依据

续 表

工作体现	具体内容	作用与意义
文化体系及实施规划考核	企业文化理念体系的系统性、准确性、完备性、开放性等；行为规范体系对企业和员工行为的指导性、约束性和可执行性等；视觉识别系统；企业文化实施规划的系统性、指导性和可执行性等	这是企业文化建设中的关键一步，理念和规范的提出一定要基于对企业文化的充分评估，表述要准确，体现企业的个性和需要。企业文化建设推进实施规划要具有指导性和可执行性
文化体系传播工作考核	企业文化培训的深度和广度；企业文化建设工作对企业内部各宣传媒介的利用程度；各级领导干部的参与度和活跃度；企业文化建设执行队伍的部门职责和岗位职责；企业文化建设的各项目标和任务的清晰性，分工是否明确；员工对企业文化知识和企业文化体系的认知情况	以多样化的宣传、培训与讨论等方式对企业文化理念和行为规范进行内外部宣传与贯彻。各级领导干部和管理层干部员工是企业文化导入的主体，要带头精读、精通公司企业文化，把握实质和精髓，以其指导工作和行为，并由上而下推行，使企业文化体系及其内涵传达给公司每一位员工，使员工全面掌握、深刻领会，高度认同企业文化，自觉按企业文化要求规范自身言行
文化建设落实情况考核	企业文化传播网络建设的完备性；各级管理人员对企业文化的认知和理解，采取面谈的形式；各级管理人员的文化和制度执行情况；各项管理制度与企业文化理念的冲突是否得到解决，没有解决的是否有时间表；企业标识、工作环境等是否有改善和提升；员工满意度和忠诚度是否得到了显著提高；企业学习型组织建设等非正式组织的建设和管理；外部主流媒体刊登企业文化稿件的发表率等	在文化理念指导下，通过各种有针对性、可行性的措施，把管理理念落实到实际工作中，对企业运营管理体系进行提升与完善，运用多种途径提升员工凝聚力和向心力。具体举措可包括传播网络优化、领导行为优化、企业管理优化、企业楷模发掘、物质环境提升、非正式组织管理、对外宣传管理等

3. 如何评估企业文化建设成果

企业文化建设成效的评估有三个前提：一是明白企业文化的功能；二是明确企业文化建设的阶段性任务和目的（这要根据每个企业的实际状况来定）；三是建立评价指标体系，明确相应的目标。另外，企业文化评估完全可以借鉴绩效考核的策略和方法，当然评估要有自己的内容。

企业文化评估方式和内容主要体现在以下两个方面。

（1）通过调研和问卷的方式，对企业文化评价指标进行评判。采取有关部门对每一个隶属维度的考核，建立各档次与隶属维度之间的对应关系。每个隶属维度指标内容的趋向度对应平均递减的分值。

比如，领导班子考评在本单位中的情况，标定分值为 4 分，该维度由组织部考核。即第一档（优秀单位）为 3 ~ 4 分，要求领导干部评议最高分与最低分差值在 1 ~ 2 分；第二档（先进单位）为 3 分，要求领导干部评议最高分与最低分差值在 2 ~ 5 分；第三档（合格单位）为 2 分，要求领导干部评议最高分与最低分差值在 5 ~ 8 分。

（2）对企业文化综合评价指标进行评判。主要通过企业各有关单位对企业的人气指数、素质指数、环境指数、发展指数四个基本模块所包含的若干个维度指数的考核情况。由企业文化建设办公室进行综合汇总，按照分值标准评价依次排出档次，评定企业文化建设优秀单位、先进单位及合格单位。

此外，企业文化评估也可以采用企业文化专家组评判方式。由企业的企业文化建设委员会（或类似机构）选出 1 名代表，共同组成企业文化评价专家组，深入企业各单位调研，根据各单位的自我评价结果，综合企业1~3年来的经营发展、人力资源开发、新产品研发、环境改造、职工素质情况等必要数据材料，综合评定企业文化开展的情况，客观公正地得出评价结果，反馈各单位。

企业文化建设的评估宜阶段性进行，一年一次最好，而且这是全局性考量，不是针对企业文化部门的。在评估时把握住这个原则：要什么考什么？要什么评估什么？企业文化建设的策略之一就是“从问题入手”，企业文化成效评估也如此，评估不是目的，清晰问题、解决问题才是根本，也就是说，要以数据和事实达到教育、推动的目的。

总之，通过对企业文化建设工作进行量化考核，对企业文化建设的成果进行分析判断和评估，才能正确地给一个单位的企业文化建设下定论，这个定论才能正确引导企业文化建设工作朝着正确的方向发展，才能找到企业文化建设的正确路径和方法。

成功的绩效管理和有效的激励机制

绩效管理是企业人力资源管理的中枢，而积极的激励是绩效管理的重要手段。成功的绩效管理能够促进企业内部管理机制有序运转，实现企业各项经营管理目标，提高企业的竞争力，增强企业科学发展能力。

1. 构建有效的绩效管理体系

按照现代企业管理思想，建立起完整科学的绩效管理体系，可以提升企业的绩效水平，推动实现企业的战略目标。

（1）加强宣传培训，确保绩效管理实施。企业绩效管理之所以出现上述问题，其中一个主要原因就是各级人员的观念、技能跟不上。必须对上至高层领导、下至基层员工进行各有侧重的引导和培训，努力促成考核者、被考核者观念的转变、态度的端正、理解的正确和执行的有效。对企业管理者而言，需要更新绩效管理观念，提升绩效管理能力，充分理解绩效管理方案，组织员工实施绩效管理。对基层员工而言，通过绩效管理，要及时了解自己工作中存在的问题和不足，明确改进的方向和目标，从而让个人的能力随着绩效考核的推行而不断得到提高。

（2）准确定位绩效管理，提升绩效管理水平。绩效管理的定位即绩效管理的目标与方向的问题。绩效管理以评价当前工作业绩为重点，兼顾未来绩效改进与战略目标的实现，其根本目的是为了持续改善个人和组织的绩效，最终实现企业目标。因此，企业要根据自己发展的阶段和业务的特点、企业文化等来组织实施绩效管理，努力确保员工的工作行为和工作成果与组织目标保持一致。

（3）科学设计绩效指标，客观制定考核标准。绩效指标的制定必须是在企业发展战略的指导下，将企业的各项指标由企业到部门，由部门到个人，层层分解下去。首先要根据个人的年度工作目标，结合岗位的工作内容、性质，初步确定该岗位绩效考核的各项要素。然后要综合考虑个人在工作流程中扮演的角色、责任以及同上、下游之间的关系，来最终确定各个岗位的绩效指标和考核标准。

（4）有效运行绩效循环，建立完整绩效体系。一个完整的绩效管理应该是绩效计划、绩效辅导、绩效评价与反馈和绩效结果应用四个步骤的循环。制订绩效计划时要结合部门工作重点和目标，设计考核体系，确定岗位绩效指标。实施绩效辅导阶段，要帮助员工不断改进工作方法和技能，随时纠正员工行为与目标的偏离，并对目标进行跟踪与修改。绩效评价要客观公正，并及时反馈，使员工了解自己的绩效状况，明确下一步的奋斗目标。完成考核后，要将绩效考核的结果应用于薪酬、晋升、调配、辞退等各项具体的人力资源决策中，同时还要为员工的职业生涯设计提供建议等，形成有效的绩效激励体系。

2. 构建个性化的企业内部有效激励机制

不同的激励方式、激励导向，其效果是不同的；不同的企业，不同的经营管理人，不同的环境对应的最佳激励方法也是不同的。企业需要根据不同的情况构建个性化的激励机制。综合运用各种动机激发手段使全体员工的积极性、创造性、企业的综合活力达到最佳状态，激励机制运用的好坏在一定程度上是决定企业兴衰的一个重要因素。

（1）金钱激励。金钱是使人们努力工作最重要的激励方式，企业要想提高职工的工作积极性，基本的方法是用经济性报酬。采取这种激励方式要注意的是：一方面，相同的金钱，对不同收入的员工有不同的价值。同时对于某些人来说，金钱总是极端重要的，而对另外一些人可能从来就不那么看重；另一方面，金钱激励必须公正。一个人对他所得的报酬是否满意不是只看其绝对值，而要进行社会比较或历史比较，通过相对比较，判断自己是否受到了公平对待，从而影响自己的情绪和工作态度。此外，金钱激励必须反对平均主义，平均分配等于无激励。除非员工的奖金主要是根据个人业绩来支付，否则企业尽管支付了奖金，对他们也不会有很大的激励。

（2）工作激励。工作本身具有激励力量。为了更好地发挥员工工作积极性，管理者要考虑如何才能使工作本身更有内在意义和挑战性，积极参与管理，创造和提供一切机会让员工参与管理，调动积极性，形成职工对企业的归属感、认同感，给职工一种自我实现感。管理者要进行“工作设计”，使工作内容丰富化和扩大化，并创造良好的工作环境。还可通过员工与岗位的双向选择，使职工对自己的工作有一定的选择权。工作中要做到充分的授权。授权的意义就是鼓励和信任。

（3）精神激励。精神激励也称软性激励，是一种低成本的点燃员工激情的激励方法。对于企业而言，按照员工的能力和工作的意愿，可以将员工分为四类，企业在管理时应根据不同类型的员工应用不同的精神激励方法（见表3－10）。

表3－10　不同员工使用不同的激励方法

员工类型	激励方法
高意愿、强能力型	这类员工既有很高的工作意愿，也有很强的工作能力，是企业的优秀人才和核心资产，他们大多具有比较清晰的自我认知和评价，对自己及自己所从事的工作有正确的理解。因此，他们通常对自己和别人的要求都比较高，比较重视企业的文化和自身的发展。这就要求领导者要多关心他们的精神生活，多给予其正面评价
强意愿、低能力型	这类员工工作很努力，对于自己的每项工作任务都认真对待，但是由于缺乏专业的训练，总是不能很好地完成工作，达不到工作所要求的目的。对于缺乏技能但有提高潜力的员工来说，周围人的评价会很大程度影响他们的自信，精神激励的效果远远强于物质激励。这就要求建立健全评估体系，让他们的工作得到认可。并且要建立科学的培训培养机制，真正提升他们的能力，使他们觉得在这里工作能够增加自己的人生价值，实现自己的目标，并能够找到一种归属感
低意愿、低能力型	针对这类员工应该采取领导行为激励法，即领导者从自我做起，为组织成员做出表率，用自己的行为激励组织成员，这实际上是领导者履行职务、扩大影响力的需要。而低意愿、低能力的员工需要领导率先做出榜样，他们有了学习的对象，就会有努力的方向和赶超的目标，从榜样成功的事业中得到激励

续 表

员工类型	激励方法
低意愿、强能力型	这类员工有很好的工作能力，可以轻松做好工作。但是总是懒懒散散，拈轻怕重，不愿意对工作投入精力和热情，是典型的可以做不愿做的员工。对于这种类型的员工，最好的精神激励方法就是奖励惩罚激励法。奖励和惩罚得当，有利于激发员工的积极性和创造性，所以有人把批评或惩罚看作是一种负强化的激励

总之，在绩效管理过程中，采取的激励方法不能只用一种，应该是多种方法结合起来。找到正确的激励方法，不仅是绩效管理成功的体现，员工的士气也会变得更加高昂，工作变得更加有效！

第四章

企业文化管理的深处是哲学

企业文化的实质是以企业管理哲学和企业精神为核心的人本管理理论。企业文化管理是企业管理的灵魂，包括人性化管理、企业文化与执行力的有机结合，以及充分发挥企业文化对企业发展的积极作用等各个方面，为企业构建有竞争力的管理与运营体系提供强有力的支持与保障。企业文化蕴含着管理哲学的精髓，在市场竞争过程中具有无可替代的突出作用。

人性化管理——优秀企业的长盛不衰之道

所谓人性化管理，就是一种在整个企业管理过程中充分注意人性要素，以充分挖掘人的潜能为己任的管理模式。实行人性化管理是现代企业制度的本质要求，充分体现了以人为本的思想，具有很强的可操作性和实效性，正被越来越多的企业认同和接受。

郑州锅炉股份有限公司成立已有近60年，60年的风风雨雨铸就了郑锅大气、包容、理解、博爱的企业文化氛围。企业管理，“严”字当头，而郑锅却有三项“特别家规”颇有人情味儿。

（1）上班迟到，首次不罚。郑锅的考勤制度原本和很多公司一样，迟到要罚款，后来由于公司搬迁到高新技术开发区，很多老职工依然在中心城区住，上班路途远，不确定因素多，决定修改制度，即以月为单位，职工首次迟到，不超过30分钟，不予处罚。这样的规定给了员工一次合理迟到的理由。然而，让公司喜出望外的是，这项制度修改后，上班迟到的人反而大大减少，每月“享受”到宽松政策的人也只有几位。

（2）有车一族，下班缓行。走进公司办公楼前的广场，可见密密麻麻的轿车错落有致地摆放着，六点准时下班，几十辆各式各样的面包车、小轿车一涌而出势必造成拥堵，对骑电动车、自行车和走路的员工造成很大影响。为此，公司推出了一项“严谨政策”：职工下班十分钟内，厂区禁止机动车行驶，先人后车，确保畅通。此政策轻松解决了下班拥堵的问题。

(3) 教育奖励，面向一线。公司把公司和主要领导获得的各种奖励资金，按照比例缴到公司财务部，设立教育基金专门账户，每年对子女考上大学的职工，按考取学校类别分别给予2000～5000元的奖励。据统计，该项教育奖励制度自2007年生效后，至2013年已累计发放奖励资金10万元，45名学生家长受惠。

正是郑州锅炉股份有限公司大力倡导“人性化管理”，不仅避免了强制性管理带来的上下层矛盾，同时配合公司不断完善的人才培育机制、奖励制度，也构建了和谐祥和的企业人文环境。每个职工都“安心”“安全”地投入到工作之中，人人团结一致全力合作，大大提升了公司各项工作效率和品质，共同推动企业不断向前发展进步。

郑州锅炉股份有限公司的人性化管理措施非常具体，这给现代企业如何实施人性化管理提供了借鉴。人性化管理的核心是尊重人的本性，利用文化规范个体行为，并注重人的创造力，利用创新推动企业发展。在具体实施上，可以遵循以下原则。

1. 情感化管理

情感化管理就是要注重人的内心世界，根据情感的可塑性、倾向性和稳定性等特征去进行管理，其核心是激发职工的积极性，消除职工的消极情感。

人性化的管理就要有人性化的观念，就要有人性化的表现，尊重员工是人性化管理的必然要求。大部分人都喜欢享受工作，把工作视为生活中的重要内容，愿意为自己喜欢的工作付出，愿意为尊重自己的经理分忧解难，他们不希望自己一天的时间都处在经理的监督和管制之下。作为管理者不可以也不可能每时每刻都监督在员工的身边，你所能做的就是指导帮助员工学会时间管理，利用好自己的时间，做好自己职责范围内的工作规划和计划，做好自己的发展计划，用计划和目标管理员工，通过情感的双向交流和沟通实现有效的管理，激发员工的积极性，消除员工的消极情绪。

2. 民主化管理

民主化管理就是鼓励员工参与决策，在企业内部集思广益。企业家在作出涉及部属的决定时，如果不让经理以外的其他人参与进来，就会损伤他们的自尊心，引起他们的激烈反对，如果你能让其他人参与决策，即听取他们的意见，那你非但不会挫伤他们的自尊心，反而还会提高他们的士气，被征求意见的人多一些，人们的士气就会更高一些。

民主化管理就是要求企业家集思广益。办企业必须集中多数人的智慧，全员经营，否则不会取得真正的成功。这是因为，不论多么优秀的人，只要他是人，就不能像神一样无所不知、无所不能，只凭个人的智慧去工作，就会发生各种想不到的问题，如出现看问题片面等现象，这些往往是企业失败的内在诱因。

3. 自我管理

自我管理可以说是民主管理的进一步发展，其大意是职工根据企业的发展战略和目标，自主制订计划、实施控制、实现目标，即“自己管理自己”。它可以把个人意志和企业的统一意志结合起来，从而使每个人心情舒畅地为企业奉献自己的力量。自我管理可以分为“信任型管理”和“弹性工作时间制”两种方式。

自我管理是以广大职工的良好素质为基础的，企业主管不单凭职务权力和形式上的尊严去领导下级，而且还可以让职工自己制订与上级目标紧密联系的个人目标、计划，并根据个人的实际情况去组织实施。其根本点在于对人要有正确的看法。因为经营是靠人来进行的，身负重任的经营者是人，职工也是人，顾客以及各个方面的关系户也都是人。企业家要信任人，不要随意解雇人，而要实践“新的人道”，即要在承认人的自主性的基础上，为职工提供从事创造性劳动、发展和提高自己的机会和条件，充分发挥每个员工的积极性，这就是人性化管理的本义。

4. 能人管理

所谓能人管理，就是要发现大批有能力的人才，并且要让“能人”管理好自己。企业的竞争利刃是人才——受过教育又有技能，渴望发挥自己的潜能，促进公司成长的人才。企业家应当懂得，人的创造性是可以通过学习和培养来造就的。多数企业家认为创造性领域与他们无关，但是，在信息丰富、分权制以及全球性的新社会中，创造性人才在市场的重要性将日益显著。企业主管要激励和保护创造性人才和人的创造性精神。

企业家在使用人才的过程中，应当建立人才信息管理系统，使人才的培养、使用、储存、流动等工作科学化，真正实现人事工作科学化、合理化，做到人尽其才、人尽其用。

5. 激励制度管理

美国哈佛大学教授詹姆斯通过对人的激励问题的专题研究得出，

如果没有激励，一个人的能力发挥不过20%～30%；如果施之以激励，可发挥到80%～90%。人性化的目的在于调动人的积极性，发挥人的创造潜能，因而建立科学的激励制度意义重大。

首先，要建立企业家激励机制。在现代企业制度下，企业家劳动既是智力劳动又是风险劳动，因而其合法报酬和职位消费权利就比一般职工高得多。可以实行年薪制或利润分成制，并注重对企业家的精神激励。其次，要建立职工激励机制。建立职工激励机制应以调动全体职工的积极性、主动性和创造性为核心，充分调动职工工作的积极性、创造性，给职工以精神上的激励。

6. 文化管理

文化管理是人性化管理的最高层次，它通过企业文化培育、管理文化模式的推进，使员工形成共同的价值观和共同的行为规范。这一人性化管理形式，是行为科学的发展和继续，但绝不是行为科学的简单重复。文化管理充分发挥文化覆盖人的心理、生理、人的现状与历史，把以人为中心的管理思想全面地显示出来。

文化是一整套由一定的集体共享的理想、价值观和行为准则形成的，使个人行为能为集体所接受的共同标准、规范、模式的整合。在顺从这些意图时，由于被整合得很好的文化接受了那些最不协调的行为，将这些行为融入、整合、遵从一定的价值观和标准，这个价值观和标准是在发展中逐渐显露和确定的，它的显露和确定是自然的和无意识的，但一旦形成，对于人的行为则起着永久性的、巨大的影响作用。

综上所述，实行人性管理，把人作为企业管理活动的出发点和归宿，是现代企业制度的本质要求，也是现代企业制度的质的规定性。只有认真落实人本管理思想，企业才能兴旺发达、长盛不衰。

将企业文化和执行力有机地结合起来

企业文化和执行力在现代企业经营管理中越来越受重视，地位也越来越高。企业文化的精神动力要转化为实际行动，就必须有强有力的执行力作为保障。企业只有从上到下建立起强有力的执行力，才能将企业的战略、目标、想法等迅速、精确地变成现实。

在执行力成为21世纪企业文化主流的今天，只有将执行力融入到企业文化中，使其成为企业文化的一个组成部分时，才能使企业的每一个员工都理解并努力担当执行力文化中积极有为的因子。这样，企业文化才能发挥出巨大的能量。

海尔集团是世界第四大白色家电制造商，也是中国电子信息百强企业之首。海尔的“创新”更多的是一种优化，是执行力。海尔集团总裁杨绵绵曾经说：“卓越的执行力是企业核心竞争力的重要部分，如果被动地执行，无法适应市场变化，就如同下雨了才去买雨衣。最关键的还是自主创新的能力。”海尔文化中最突出的是执行力强，高层决策基本可以不走样地落实到基层。同时，强调执行工作的效率，海尔的作风是“迅速反应、马上行动”。

海尔在宣布进入黑色家电领域时，在兼并黄山电子之初，该厂员工并不认同海尔，甚至要罢工，声称要把海尔派过去的事业部部长赶回青岛。于是，海尔集团CEO张瑞敏派人组织黄山电子的职工“无限期”地进行大讨论：海尔的做法是否合理？即使是国企的“主人翁”，是不是也得听“上帝”的？谁是企业的“上帝”？当然是消费者。企业生产的产品不能像计划经济时代那样，生产什么，人们就消费什么。如果认为合理就继续做，不合理则走人。最终这种做法在讨论后得到认可。此后，海尔将其公司的人员分为几类，挑头的进行处分，而其他的则不追究。可见，海尔往往是从上而下推行“执行一件事情”的做法，这也表明了海尔在融合其他企业文化时的方式和方法。

海尔之所以成功，关键在于它善于创新，有一个强执行力。当然，海尔对文化的输入也不是完全意义上的强制，而是通过所谓的大讨论，输入一种理念，并逐渐得到职工的认可。海尔的强执行力文化值得推广。

事实上，现代企业都在寻求企业文化和执行力的有机结合。建立有执行力的企业文化，以使企业更好更快更稳地发展。

1. 确定企业核心价值观，强化职工主人翁意识

企业的价值利益观和企业使命是企业文化的核心内容，现代企业要把自身打造成充满理性气质、人性气质、人文气质的集合体，使员工认识到工作不仅是为企业获取利润，更重要的是满足自身的社会需求，是在实现自我价值。

优秀的企业价值观和企业使命应和员工紧密相连，使员工认识到自己是企业的一部分，是企业的主人翁，自己的工作对企业、对社会的发展都很重要，使每一位员工都能感受到工作的快乐和自身贡献得到肯定的快感。

2. 提升管理者的素质和执行力

管理者是一个企业团队能够有效展开工作的核心，管理者素质和执行力的高低很大程度上决定了战略的成败。现代管理者应具备两方面的能力：灌输思想的能力；贯彻行为的能力。

一个优秀的企业团队管理者，必然具有优良的素质和能力及规范化的工作态度和坚决的执行力。只有优秀的领导者才能以坚决的执行力来感召、影响下属乐于为企业的发展作出贡献。这样企业的战略才能迅速变成现实。

3. 建立科学、规范的管理制度

科学、规范的管理制度，是企业内部的法规，是企业全体员工共同遵守的规则。如果企业内部管理制度不健全，员工行为方式正确与否就没有衡量尺度，久而久之，就会形成企业的内耗，影响团队的协作力，从而影响企业整体工作效率。

在现代企业管理中，要真正实现制度管人，而不是人管人，即实现从人治到法治的根本转变，应抓好两个环节：

（1）建立合理的管理规则。管理者的主要职责就是建立一个合理的管理规则，能让每个员工按照游戏规则自我管理。管理规则要兼顾公司利益和个人利益，并且要让个人利益与公司整体利益统一起来。责任、权力和利益是管理平台的三根支柱，缺一不可。

（2）制订有可操作性的工作标准。在不同的岗位上，员工的行为怎样才是正确的，这就需要管理者结合岗位要求提出可操作和执行的工作标准。工作标准是员工的行为指南和考核依据。制度规范了，管理科学了，才能更好地实施各项工作。

总之，企业文化和执行力是现代企业的重要特征。在全球化的背景下，在激烈的市场竞争中，企业要想发展得又好又快又稳，必须建立有执行力的企业文化，确定企业的核心价值观，培养员工的主人翁意识，提升管理者的素质和执行力，建立科学、规范的制度，做到思想到位、管理到位、责任到位、工作到位，才能把公司大政方针不折不扣地落到实处，才能实现做大做强企业的目标。

实现企业内部“事事有人做，人人有事做”

企业达到一定规模的时候，企业的正常运行需要靠组织机构来保障，而不是靠个人的经验或感情。在企业具备明确的组织机构的前提下，为了提高企业整体运作效率，提高人均劳效，以达到在企业内实现“职责清晰、分工明确，事事有人做，人人有事做”的目的，要分三个步骤来明确从领导到员工个人的责任要求及结果。

1. 梳理公司核心业务流程

企业的核心业务流程是由公司的价值创造流程衍生的，主要有订单获取流程、产品开发流程、生产计划管理流程、出货管理流程、采购管理流程等。通过对这些流程的梳理，可以明确在这些流程中有哪些人需要开展哪些具体的工作，同时也便于发现问题，对流程进行优化，提高工作效率，降低人工成本。

通过流程梳理，明晰部门与部门之间、岗位与岗位之间的工作关系，清晰界定各个部门、岗位的职责；发现流程中的关键制约因素，认识这些因素有利于达到提高工作效率的目标；找出节点控制要点，提高节点工作效率，从而达到标准所规定的发展目标。

表 4－1　梳理流程

流程梳理的主要发现	初步建议
部门职责界定不够明确，存在职责交叉重复和不规范与缺失现象	重新调整个别部门的职责，合并重合职责，补充部分职责
责权利不明确造成基层负责人的积极性受到影响，作用没有充分发挥出来。领导过多地陷入到事务性的工作中	明确各个岗位的责权利，充分调动普通员工特别是基层负责人的积极性，明确奖惩制度并严格执行
岗位设置有不合理之处，存在因人设岗、忙闲不均等问题	对岗位设置进行适度的调整
业务流程有待进一步明晰，流程中某些节点的控制力度弱，造成流程目标实现受到影响，组织效率降低	明晰业务流程的各个环节，理顺流程中的配合关系，通过具体的方法对流程节点加强控制，提高效率、效果

2. 梳理岗位职责

岗位职责是工作分析中的一个环节，来源于流程和公司整体的战略需要。相对于梳理公司核心业务流程而言，它的范围相对较小，但却更具有现实性和实用性。

梳理岗位职责包括很多项内容。这里以仓储部主管岗位职责为例，其梳理办法是：负责仓库整体工作事务及日常工作管理，协调部门与各职能部门之间的工作；负责制定和修订仓库收发存作业程序及管理制度，完善仓库管理各项流程和标准；制订仓库工作计划；制订本月工作计划，总结和分析上月部门工作情况，带领督促员工完成目标任务；负责分配仓管员的日常工作，使日常工作做到高效、准确、有序；仓别要合理化布局和管理，负责制定各仓别的仓位的规划。标识、防火、防盗、防潮及物料的准确性管理标准；负责组织仓库盘点工作，确保卡、账、物一致；对仓库人员进行工作指导、业务知识培训；定期对仓库人员进行考核；负责监督处理不良物料和呆滞料；对各仓库、收发区进行现场监督管理、目视化管理的执行状况进行检查记录；签发仓库各级文件和单据；接受并完成上级交办的其他工作任务。

通过类似这样的步骤和方法，基本可以确定公司部门各个岗位的职责。进行此项工作的几个重要节点和注意事项有：第一，梳理工作要到位，大体上是要准确的；第二，部门职能需要先界定清楚，因为岗位职责和部门职能是有前后关系的，部门职能没有定位清楚，岗位职责也就无从谈起；第三，岗位职员需要积极配合梳理工作，否则无法输出一个合格的岗位职责；第四，针对每一项三级职能写出其具体的每一项工作，在梳理清楚所有的工作任务之后，再结合每个岗位特性，将这些工作任务分配到每一个岗位，这样就清晰地界定了每一个岗位所承担的具体工作任务。此外，在梳理及分配工作任务的过程中，还有意外的收获，那就是让每一个岗位的工作负荷相对均衡。

3. 建立工作业务流程

虽然清楚界定了每一个岗位的具体工作内容，但还是难以全部解决在工作过程中的一些扯皮问题，这需要属于自己公司标准的可操作性的工作业务流程来保障。

工作业务流程是针对每一项具体任务的实施，具体要流经哪些岗位，每一个岗位在该项流程中，具体需要采取的措施是什么（见表4－2）。

表 4－2　建立工作业务流程

步骤	内容
第一步	明确自己公司各项工作的主题和性质。把公司的事务进行分类，哪些属于内部事务，哪些属于外部事务
第二步	确定事件的内容、负责人、配合部门及个人；相关铺排工作的核查与确认；外部衔接相关人员的确认；具体工作进程的确定；派单（按照工作铺排顺序，将工作、责任人、完成时间、具体要求划分清楚）；后期工作交接；后续工作的继续开展
第三步	将具体的事件按照上面的流程进行细化
第四步	在确定好自己公司的业务流程之后，需要有一定的时间来进行学习，使员工熟悉工作的环节，然后坚定地执行下去

还需要注意一点：为了能体现企业的民主，在确定流程的时候，一定要使公司各个部门参与，充分听取各个部门的意见，制定出符合企业实际情况的流程。员工的广泛参与会使流程在执行的过程中减少很大的抗性和阻力，所以，一定要尊重员工，使其能充分参与到企业规范化作业的队伍中来。建立流程，过程辛苦，结果轻松！

上述三个步骤的工作是一环套一环，环环相扣，前一步是后一步的基础，是一套系统的方法。企业如果能够遵循以上步骤进行操作，就能够很好地解决企业内“忙闲不均，职责不清”的现象，虽然企业内或许还存在其他方面的因素，但至少在制度层面能够确保做到职责清晰、分工明确，达到“事事有人做，人人有事做”的要求。

激励激发员工创造财富和献身事业的热情

激励是一种有效的领导方法，它能直接影响员工的价值取向和工作观念，激发员工创造财富和献身事业的热情。

分析各激励因素对员工的作用，建立规范的激励制度，从而激发员工的积极性，才能保证较高的工作绩效。在这方面，西门子公司的做法值得推介。

西门子公司对通信、电子行业中销售、研发两个部门的普通员工进行了一次问卷调查，列举了与工作有关的因素和描述，让员工首先对之进行评价，找出员工满意什么？不满意什么？

结果显示，两部门员工共同看重的因素有成长的机会、专业技能的培训、员工在团队中的重要性、个人能力得到施展的程度、工作挑战性、工作的反馈程度，以及薪酬、福利等。在看重程度不同的因素中，销售人员看重良好的人际关系、个人素质的培训、提升的机会、薪酬分配制度、权力需要满足程度；研发人员看重工作兴趣、工作成就感、学习新的知识、自尊需要满足程度。

通过上述调查统计，明晰了问题所在。于是，西门子公司进一步设计出员工的激励措施。其中，员工共同的激励措施，一是富有挑战性的工作，二是与业绩挂钩并随市场调整的薪酬，三是可信赖的领导，四是灵活性和信任感，五是培训和职业发展机会，六是沟通，七是愉快的工作环境，八是灵活的福利计划。

销售部员工的激励措施，一是让业绩好的员工有出头的机会，二是实现开放沟通。

研发部员工的激励措施，主要是考虑到研发人员的工作性质，更倾向于获得更多的成长空间与机会，因此采取了提供高级技术培训、参加高级技术论坛的机会来进行。

通过采取有针对性的激励措施，西门子公司极大地调动了全体员工的工作热情，公司也创造了令人瞩目的业绩。

事实证明，激励的作用是巨大的。美国哈佛大学教授詹姆士曾在一篇研究报告中指出，实行计时工资的员工仅发挥其能力的20%～30%，而在受到充分激励时，可发挥80%～90%。怎样激励员工呢？在了解了激励类型之后（见表4－3），可以运用行之有效的激励方法（见表4－4），这样才能收到理想效果。

表4－3　　激励员工的类型

类　型	内　容
作风激励	每个领导都掌握着一定的权力，在一定意义上说，实施领导的过程，就是运用权力的过程。领导爱岗敬业、公道正派，其身正其令则行，就能有效地督促下属恪尽职守，完成好工作任务。风气建设是最基本的组织建设，而领导的作风在风气建设中起着决定性的作用
水平激励	领导的知识水平和工作能力是领导水平的重要体现，这就要求领导者善于捕捉各种信息，扩大知识面，使自己具备一种不断同外界交换信息的、动态的、不断发展的知识结构。当代员工都有日趋增强的成就感，他们都希望以领导为参照系数，发挥、发展自己的知识和才能，更好地实现个人价值的增值。高水平的领导者能产生强大的非权力影响力，来增强组织的凝聚力
情感激励	情感需要是人的最基本的精神需要。建立情感联系，领导者必须改变居高临下的工作方式，变单向的工作往来为全方位的立体式往来，在广泛的信息交流中树立新的领导行为模式，如人情往来和娱乐往来等。领导会在这种无拘无束、员工没有心理压力的交往中得到大量有价值的思想信息，增强彼此间的信任感
赏识激励	社会心理学原理表明，社会的群体成员都有一种归属心理，希望得到领导的承认和赏识，成为群体中不可缺少的一员。赏识激励能较好地满足这种精神需要。比如，对一个有才干、有抱负的员工来说，领导者要知人善任，为其实现自我价值创造尽可能好的条件，对员工的智力贡献，如提建议、批评等，也要及时地给予肯定的评价

表 4-4　激励员工的方法

方　法	内　容
主题活动法	年轻员工具有思想活跃、追求进步的特点，因此应定期开展不同的主题活动。比如，岗位技能大赛、书画大赛、手工艺品制作大赛、英语口语比赛等。通过不同的主题活动，引导员工好学上进、展示自我，从而产生向心力、凝聚力
多设标兵法	拿破仑说过："每个士兵的背包里，都有元帅的手杖。"每个员工都有自己的特长，通过设立不同的标兵，使每个员工都能发挥自己的特长。比如，设立卫生标兵、对客服务标兵、爱岗敬业标兵等
感情投资法	感情因素对人的工作积极性有很大影响。采取感情激励的方式有：员工生日庆祝活动（领导祝贺、送生日蛋糕、生日酒宴、舞会等），生病探视，对困难家庭进行扶助等。感情投资不但针对员工，还可以扩展到员工家属
心理疏导法	由于企业采用严格的制度化管理，管理层级较为分明，加之部分基层管理人员的管理方法简单、粗暴，时间久了，难免会打击员工的工作积极性。因而，企业高层应定期进行员工日接待活动，倾听员工心声，消除员工心中的怨气，拉近管理者与员工的距离
轮岗激励法	员工在一个岗位工作久了，技能熟练了，难免会产生厌倦心理和自大心理。企业应不失时机地给员工调动工作岗位，以带给员工全新的挑战。这既能帮助员工学习新的技能，又能用工作激励员工
兴趣激励法	兴趣是推动员工努力工作最好的动力。根据员工个人兴趣以及工作需要，企业管理者通过双向选择帮助员工找到自己感兴趣的工作，从而产生持久的激励效果
文体活动法	业余文体活动是职工兴趣和才能得以展示的另一个舞台。企业通过组织丰富多彩的文体活动以及各种兴趣小组活动，帮助员工搞好八小时以外的业余生活，使员工业余爱好得到满足，增进了员工之间的感情交流和对企业的归属感，从而提高了企业凝聚力
物质激励法	企业每年赚得越多，员工也应该分得越多。员工的分成每年要随时兑现，从而让员工明白"大河有水，小河不干"的道理，员工积极生产自不待说，还能随时随地地纠正或及时反映工作中存在的问题，帮助企业提高整体服务质量

续 表

方　法	内　容
形象激励法	就是充分利用视觉形象的作用，激发企业员工的荣誉感、成就感与自豪感，这是一种行之有效的激励方法。通常的做法是将先进员工照片上光荣榜、企业内部报刊等，此举不但员工本人能受到鼓舞，而且更多的职工也能受到激励
参与激励法	参与激励就是把员工放在主人的位置上，尊重他们，信任他们，让他们在不同的层次上和深度上参与企业的管理和决策，吸收他们中的正确意见

总之，激励是管理，更是艺术。激励给人以行为的动力，激发人的动机，诱发人的行为，指向特定的目标。激励贯穿于企业管理的全过程，它应得到企业全体员工的响应，对员工的行为进行激励，对员工的心理因素进行研究，制造各个诱因，诱发员工贡献自己的时间、经历，使员工的行为方向、质量、强度做出合理的反应。激励更是一种力量，使员工充分发挥出他们的内在潜能，共同实现企业的目标。科学的激励机制需要在企业管理过程中不断地创新。

纠正与引导，体现管理层的文化导向功能

一个企业的企业文化一旦形成，它就建立起了自身系统的价值和规范标准，如果企业成员在价值和行为取向上与企业文化的系统标准产生悖逆现象，企业文化会将其纠正并将之引导到企业的价值观和规范标准上来。企业文化的这种导向功能与传统管理中单纯强调硬性的纪律或制度不同，它强调通过企业文化的塑造来引导企业成员的行

为，使人们在一种文化的潜移默化中接受共同的价值观念。

企业文化的导向功能主要体现在以下两个方面：一是经营哲学和价值观念的指导，二是企业目标的指引。

1. 经营哲学和价值观念的指导

企业经营哲学决定了企业经营的思维方式和处理问题的法则，企业共同的价值观念规定了企业的价值取向。海尔企业文化是被全体员工认同的企业领导人创新的价值观。海尔文化的核心是创新，充分体现了张瑞敏的海尔哲学。

有一次，张瑞敏作为海尔首席执行官出访日本一家大公司。该公司董事长一向热衷中国至理名言。在这位董事长介绍该公司经营宗旨和企业文化时，阐述了“真善美”，并引述了老子思想，张瑞敏也发表了自己的看法：《道德经》中有一句话与“真善美”语义一致，这就是“天下万物生于有，有生于无”。

张瑞敏以这句话诠释了海尔文化之重要性。他说，企业管理有两点始终是我铭记在心的：第一点是无形的东西往往比有形的东西更重要。当领导的到下面看重的是有形东西太多，而无形东西太少。一般总是问产量多少、利润多少，没有看到文化观念、氛围更重要。一个企业没有文化，就是没有灵魂。第二点是老子主张的为人做事要“以柔克刚”。他说：“在过去人们把此话看成是消极的，实际上它主张的弱转强、小转大是个过程。要认识到作为企业家，你永远是弱势；如果你真能认识到自己是弱势，你就会朝目标执着前进，也就会成功。”

曾经有一位记者问张瑞敏：“一位企业家首先应懂哪些知

识？”张瑞敏想了想说：“首先要懂哲学！”张瑞敏能联系企业实际，从老子思想中悟到“无”比“有”更重要、“无”生“有”的道理，也悟出柔才能克刚、谦逊才能进取的为人做事之理。骄横与张扬永远是企业衰败之源。

人的成熟，在于思想的成熟。企业家的成熟在于实践经验基础上形成的理念体系。一切成功的企业家都是经营哲学家。著名经济学家艾丰为《张瑞敏如是说》一书作序，题目就是：“不用哲学看不清海尔”。艾丰用哲学恰到好处地评价了张瑞敏。

美国学者托马斯·彼得斯和小罗伯特·沃特曼在《追求卓越》一书中指出，我们研究的所有优秀公司都很清楚他们的主张是什么，并认真建立和形成了公司的价值准则。事实上，一个公司缺乏明确的价值准则或价值观念不正确，我们则怀疑它是否有可能获得经营上的成功。

2. 企业目标的指引

企业目标代表着企业发展的方向，没有正确的目标就等于迷失了方向。完美的企业文化会从实际出发，以科学的态度去引导企业向既定的发展目标前进。

中国港中旅集团公司作为大型国有企业、旅游行业的排头兵，既具有国有企业服务大众、造福社会应承担的社会责任，更向世界展示中国实力和改革开放成果应承担的政治责任。

进入“十二五”发展的新时期，港中旅集团按照国家的战略发展要求，积极响应加快发展旅游业的战略部署，同步制定并开始实施了港中旅第二个10年（2011—2020年）发展战略规划。

对今后10年，港中旅将实施“两步走”战略，努力实现“中国第一、亚洲第一、世界前五”的总体战略目标。港中旅对前5年旅游产业的战略定位、发展目标、发展策略及保障措施，提出了比较科学系统的战略发展方案，为港中旅今后10年实现转型升级和科学发展确立了方向性、纲领性的规划蓝图。

港中旅集团还将相机选择和培育新产业，如旅游房车、旅游免税购物、旅游集散中心、旅游航空、旅游消费金融服务，打造成新的利润增长点。

企业文化指引下的企业发展目标具有可行性和科学性，企业员工就是在这一目标的指导下从事生产经营活动的。

通过约束与规范，达到员工的行为自控

企业文化的约束功能，是指企业文化对每个企业员工的思想、心理和行为具有约束和规范的作用。企业文化的约束，不是强制性的约束，而是一种软约束，这种软约束产生在企业文化氛围里，形成一个群体的行为准则和道德规范，并且通过职工的思想和行为形成来自心理的、自我约束的控制作用。

同仁堂是中国著名百年老店，以“同修仁德，济世养生”为核心价值观，在这个核心价值观的引导下，员工以“同修仁德”为自我约束，以“济世养生”为努力目标，使企业成为中国著名的百年老店。

从古至今，同仁堂文化质量观形成的原因大致有两个：一个是同仁堂人的自律意识。历代同仁堂人恪守诚实敬业的药德，提出“修合无人见，存心有天知”的信条，制药过程严格依照配方，选用地道药材，从不偷工减料，以次充好。另一个是同仁堂的外在压力。这外在的压力就是皇权的压力，因为是为皇宫内廷制药，故有不得半点马虎，稍有不慎就有可能导致杀身之祸。

历代同仁堂人坚持配方独特、选料上乘、工艺精湛、疗效显著四大制药特色，生产出了众多疗效显著的中成药。1989 年，国家工商局将全国第一个中国驰名商标称号授予了同仁堂，使同仁堂成为迄今为止在全国中医药行业唯一取得中国驰名商标称号的企业。同仁堂不仅有十大王牌，而且形成了以十大名药为代表的产品系列，从而赢得了国内外人士的广泛赞誉和青睐。

同仁堂的创业者尊崇可以养生，可以济世者，唯医药为最，把行医卖药作为一种济世养生、效力于社会的高尚事业来做。历代继业者，始终以养生、济世为己任，恪守诚实敬业的品德，对求医购药的八方来客，无论是达官显贵，还是平民百姓，一律以诚相待，始终坚持童叟无欺，一视同仁。

在市场经济的竞争环境中，同仁堂始终认为诚实守信是对一个企业最基本的职业道德要求，讲信誉是商业行为最根本的准则。

同仁堂历代传人都十分重视宣传自己，树立同仁堂形象。比如，利用朝廷会考机会，免费赠送平安药，冬办粥厂夏施暑药，办消防水会等。如今的同仁堂不仅继承了原有的优良传统，而且又为它赋予了符合新时代特征的新内容，如积极参与社会公益事业，向社会无私奉献一份爱心，提高企业的社会责任感等。

同仁堂作为现代的上市企业，其核心价值观继续发挥着约束功能，仍然具有很强的市场竞争力。事实证明，企业的良好伦理氛围及其员工的良好道德观与价值观，不仅可以降低因员工冲突所引发的协调成本，还可以降低企业对员工的监督成本。它让员工明白自己行为中哪些不该做、不能做，这正是企业文化所发挥的“软”约束作用的结果。

那么，现代企业如何打造文化软实力，使每位员工能够约束自己的行为呢？具体可以从以下两个方面入手。

1. 有效规章制度的约束

企业制度是企业文化的内容之一。企业制度是企业内部的法规，企业的领导者和企业职工必须遵守和执行，从而形成约束力。

企业制度作为文化的重要组成部分，是企业精神文化的表现形式，也是实现物质文化的重要保证，作为企业内部的法规，对成员的行为带有强制性，保证企业活动有序地组织运行起来。

2. 道德规范的约束

企业文化建设过程中形成的企业精神、价值观念、企业道德、团队意识等，对成员具有强烈的感染力，并会逐渐地形成无形的自我约束力。道德规范是从伦理关系的角度来约束企业领导者和职工的行为。如果人们违背了道德规范的要求，就会受到舆论的谴责，心理上会感到内疚。从这一点上说，企业文化的约束是一种没有死角的、全方位的约束。

西方管理认为人很懒惰，需要鞭策和约束监督，任何人都有基本的一个本性，人有一种机会主义行为倾向，即随机应变投机取巧，为自己谋取更大利益。在企业里，有效的文化管理可以形成遵守道德规范的氛围，让人自觉杜绝机会主义行为倾向。从而降低“假公济私”“工作偷懒”和“推卸责任”等行为，也可以更加有效地解决“劳工问题”。此外，那些重视经营伦理、社会绩效较高的企业可以获得较好的声誉，从而对员工具有较高的吸引力，能够吸引更多的高水平人才，形成自己独特的竞争优势。

总之，在企业内部，企业文化可以成为一种校正人们行为及人际关系的“软”约束，使企业人员正确地评价自己的行为，明确“对”与“错”、“善”与“恶”、“好”与“坏”。一旦企业形成了以伦理为导向的经营文化，这种“文化资本”同样是解决企业内部冲突、降低管理成本的“软”工具。

品牌形象体现企业经济实力和文化内涵

企业品牌展示一个企业的形象，它的两大基本构成要素是企业经济实力和企业文化。企业文化与企业经济实力具有紧密关联性，无论是世界著名的跨国公司，如微软、福特、通用电气、可口可乐，还是国内知名的企业集团，如海尔、华为、康佳等，都具有独特的企业文化和强大的经济实力。

以海尔为例，在海尔 30 年发展历程中产生和逐渐形成的富有特色的企业文化中，品牌意识把海尔的发展与海尔员工个人的价值追求完美地结合在一起。

早在1985年，曾经有一位用户向海尔反映，工厂生产的电冰箱有质量问题，于是张瑞敏首席执行官突击检查了仓库，发现仓库中不合格的冰箱还有76台！当时研究处理办法时，有的干部建议将它们作为福利处理给本厂的员工。就在很多员工十分犹豫时，张瑞敏却做出了有悖“常理”的决定：开一个全体员工的现场会，把76台冰箱当众全部砸掉！而且，由生产这些冰箱的员工亲自来砸！

听闻此言，许多老工人当场就流泪了。要知道，那时候别说“毁”东西，企业就连开工资都十分困难！况且，在那个物资紧缺的年代，别说正品，就是次品也要凭票购买的！如此“糟践”，大家“心疼”啊！当时，甚至连海尔的上级主管部门都难以接受。

但张瑞敏明白，如果放行这些产品，就谈不上质量意识！他认为，我们不能用任何姑息的做法，来告诉大家可以生产这种带缺陷的冰箱，否则今天是76台，明天就可以是760台、7600台……所以必须实行强制，必须要有震撼作用！张瑞敏态度坚决，结果就是一柄大锤，伴随着那阵阵巨响，真正砸醒了海尔员工“零缺陷”的质量意识，宣布了海尔全面质量管理的开始。从此，在家电行业，海尔人砸毁76台不合格冰箱的故事就传开了。至于那把著名的大锤，海尔人已把它摆在了展览厅里，让每一个新员工参观时都牢牢记住它。

1999年，张瑞敏曾在上海《财富》论坛上说：“这把大锤对海尔今天走向世界，是立了大功的。可以说，这个举动在中国的企业改革中，等同于福特汽车流水线的改革。”

企业管理的最大挑战，便是在事情出现不好的苗头时，就果断采取措施转变员工的思想观念。在次品依然紧缺时，海尔就看到了次品除了被淘汰，毫无出路！任何企业要走品牌战略的发展道路，质量就永远是生存之本。所以海尔提出："有缺陷的产品，就是废品！"而海尔的全面质量管理，推广的不是数理统计方法，而是提倡"优秀的产品是优秀的员工干出来的"，从转变员工的质量观念入手，打造品牌形象。

品牌形象是企业某个品牌在市场上所表现出的个性特征，它体现了消费者对品牌的评价与认知。从海尔"砸冰箱"事件，可以看出海尔创世界级品牌的起步有多早，决心有多大！当初的那一"砸"，不仅使海尔在1991年成为中国家电行业唯一入选"中国十大驰名商标"的品牌，更重要的是将"零缺陷"的质量意识砸进了海尔的文化基因中，成为了海尔继续发展的强大精神动力。

1. 品牌评判指标及其含义

品牌形象可以用量化的方法来考察。常用于度量品牌形象力的指标有：品牌知名度、品牌反映度、品牌注意度、品牌认知度、品牌美丽度、品牌美誉度、品牌传播度、品牌忠诚度及品牌追随度。

表4－5　品牌评判指标及含义

评判指标	含　义
品牌知名度	是指品牌被公众知晓的程度，是评价品牌形象的量化指标。考察知名度可以从3个不同角度进行：公众知名度是指品牌在整个社会公众中的知晓率；行业知名度是指品牌在相关行业的知晓率或影响力；目标受众知名度是指品牌在目标顾客中的影响力
品牌美誉度	是指品牌获得公众信任、支持和赞许的程度。对美誉度的考察也可从公众美誉度、行业美誉度、目标受众美誉度3个方面研究。品牌美誉度反映出品牌对社会影响的好坏

续　表

评判指标	含　义
品牌反映度	指品牌引起公众感知的反映程度。主要指人们对某一品牌的瞬间反应
品牌注意度	指品牌引起公众注意的能力。主要指品牌在与公众接触时引人注目的程度
品牌认知度	指品牌被公众认识、再现的程度。某种意义上是指品牌特征、功能等被消费者了解的程度
品牌美丽度	是指品牌从视觉的心理上对人的冲击能否给人以美的享受
品牌传播度	是指品牌传播的穿透力，主要讨论品牌的传播影响
品牌忠诚度	主要指公众对品牌产品使用的选择程度
品牌追随度	主要指品牌使用者能否随品牌变迁而追随品牌，是比品牌忠诚度更进一步的要求

品牌形象的评判常采用市场调研的方法实现，在实际工作中不可能一一俱全，应选择几个以上主要指标进行综合评价。

我们说品牌形象体现了企业经济实力和企业文化内涵，主要反映在两个方面：其一，品牌是企业经济实力的重要标志；其二，品牌文化与企业文化在内涵上是一致的。

2. 品牌是企业经济实力的重要标志

品牌是一个企业经济实力的重要的集中体现，其背后隐含的是科技、质量、经济、文化、道德甚至还有一些民族、宗教的意义在里面。可以说是有形产品和无形资产的结合，是硬实力和软实力的结合。品牌正以它的知名度和美誉度赢得消费者的认可。

对于一个企业而言，品牌是企业以自己的注册商标为发展载体，长期苦心经营所形成的有别于其他企业的经营理念、商业信誉和企业形象的生动集中展示。从这个意义上说，知名品牌的多少和企业的强弱有着必然的联系。一个品牌弱的企业，不可能是一个具有经济实力的企业。

品牌决定市场，品牌造就实力。品牌的知名程度、拥有量和品牌产品的市场占有份额成正比。品牌既是企业经济实力的标志，又是企业经济快速发展的强大动力。

3. 品牌文化与企业文化在内涵上是一致的

品牌不仅是一个企业经济实力的重要标志，而且品牌文化与企业文化在内涵上是一致的。企业文化是企业员工普遍认同的价值观、企业道德观及其行为规范。企业如果形成了一种与市场经济相适应的企业精神、发展战略、经营思想和管理理念，即企业品牌，就能产生强大的团体向心力和凝聚力，激发员工的积极性和创造精神，从而推动企业经济实力持续发展。

品牌文化与企业文化都不能脱离公司的产品和经营，都要服务于企业的发展，因此，其核心含义应该具有一致性、共通性。比如，海尔品牌给人的感觉是一种优质、真诚和负责，其企业文化也是以真诚、创新为核心。

只有企业文化与品牌文化内涵协同一致的时候，企业才会取得长足的发展。青岛啤酒百年的发展史就是一部企业文化与品牌文化发展融合的史诗。青岛啤酒秉承日耳曼民族文化的严谨与认真，并受所在地的地域文化——齐鲁文化中儒家思想的深远影响，围绕着啤酒的文化特色，不断地完善与发展，形成了诚信、和谐、开放、创新的核心价值观；通过提炼其中激情与快乐的成分，贯穿于企业使命之中，这不仅与啤酒天生的文化基因成分不谋而合，而且给予青岛啤酒“激情成就梦想”的品牌主张有力的文化支撑。青岛啤酒正是通过激情快乐的品牌文化特色，把消费者融入了青啤文化大家庭中，不断地推动青啤文化发展、创新，让青岛啤酒能够跨越不同的历史时期，不断走向繁荣。

同时，我们也很难想象品牌文化和企业文化相背离，对企业会造成什么样的伤害。如果一种动感激情、富有个性的品牌文化嫁接到一个守旧沉稳的企业上，虽然会有短暂的成效，但是必然不能持续，这也就是为什么有的企业有了知名广告公司创意的精彩广告，并在媒体投入大笔的广告费用后品牌依然难以取得成效的症结所在。从某种意义上来说，品牌文化是企业文化联系消费者的桥梁，消费者通过品牌文化感受企业文化，在心理和情感上产生一种归属感，这种情感最终表现为品牌忠诚度。

第五章

企业文化的传承与创新

随着环境的发展和变化，企业的理念文化、制度文化、行为文化和物质文化很可能过时，因此，企业必须在不断适应环境的过程中吐故纳新，吸收先进因素，淘汰落后成分，遵循着文化的积累、传播和变革规律，不断演进与成长。创新制度文化、行为文化和物质文化更多的是创新了理念文化的表现形式，而不一定是改变理念的本质内涵。

企业文化建设需要传承，更需要创新

对于“企业文化建设是否需要传承，是否需要创新”的问题，不同的专业人士和企业看法是不完全相同的：有的更强调继承，不太注重创新；有的强调创新，不太注重继承。到底企业文化建设过程中，如何正确对待这个问题呢？其实，对于我国企业来讲，在文化建设过程中需要继承，更需要创新。

（1）这是由我国的国情和企业所处的历史背景所决定的。目前，我国正处在由计划经济向市场经济转变的过程中，虽然我国市场经济的特点已经表现得越来越明显，但是由于时间短，当年长期计划经济体制下形成的各种思想、观念和意识仍然大量存在。我国大部分企业是在计划经济体制向市场经济体制转变过程中成立和成长的，在这个过程中，计划经济体制下形成的各种思想、观念和意识自然而然就被带到企业中来，加上我国市场经济体制建设是边研究、边建设，“摸着石头过河”，在这种体制中运行的我国企业的经营管理也是这种“摸着石头过河”的状态。

建立完善的市场经济体制是我国经济改革和发展的目标，我国企业最终也会被推向市场，成为“自主经营、自负盈亏”的主体，自由竞争，优胜劣汰。这样一种环境下对企业竞争力的要求和在计划经济体制下对企业竞争力的要求是完全不同的，因此，我国大部分企业都必须重塑自身竞争力，企业文化是竞争力的一个重要组成部分，为了保证我国企业在未来市场环境中更具有竞争力，企业在文化建设中，除了需要继承计划经济体制下形成的优秀文化，更需要对“与市场经济不相吻合的思想、观念和意识”进行创新，创造出更具有竞争力的企业文化。

（2）这是由企业文化的导向作用所决定的。文化具有很强的导向作用，改革、创新与发展是我国目前大部分企业的主旋律，在这个过程中，优秀的文化可以引导改革创新，成为改革创新的号角。

为了保证企业文化能够对企业的改革、创新和发展具有导向作用，企业在文化建设过程中，不仅需要注意继承，更需要讲究创新，只有创造出新的文化理念，才能发挥企业文化的导向功能，引导员工思想观念的转变，引导企业改革创新的推进。

1. 企业文化传承的重要性

每一个企业在成长的过程中，除了学习竞争对手的管理经验外，自己在发展的过程中也相应积累了许多优秀的管理经验，形成了自己的企业文化，这是一个企业宝贵的财富。优秀的企业要善于总结，把优秀的企业文化传递下去，使继任者少走弯路。具体如表 5－1 所述。

表 5－1　企业文化传承的重要性

重要性	作用与意义
企业文化具有连续性	企业文化在不断适应环境的过程中对企业有着提升和推动作用。优良的企业文化可以使企业有一支优良的团队，依靠团队的集体协同作战精神而完成公司的工作指标。福特汽车总裁认为，没有任何一种企业可以归属于某一个人，企业构成的因素就是群体。企业依靠群体的力量来实现利润，推动企业走向成功
企业文化可以凝聚人心	企业现在所取得的辉煌是几代人共同努力的结果，每一步前进都汇集了智慧和汗水，传承优秀的企业文化就如同传递一个接力棒，是一种情结的传达，是一种感情的寄予，更是赢得企业向心力，凝聚人心的有效方式

续　表

重 要 性	作用与意义
企业文化能够塑造企业形象	企业形象是得到社会认可的企业文化的综合反映和外部表现，或者说是企业在社会中所处的地位和声誉。企业形象的形成和建立是企业的服务质量、人员素质、专业技术、公共关系在社会和客户心目中形成的总的印象。企业形象不仅是社会公众所关心的事，而且与企业本身的生存和发展有着十分重要的内在联系
企业文化能够指导企业发展	企业文化影响着企业的决策、企业组织结构、企业管理体系、企业财务分析手段以及企业管理领导艺术等。很多企业上到办公室，下到车间都是企业文化标语，例如，“企业的学习力源自企业的竞争力；企业的竞争力源自企业的执行力”，“只有你为公司创造机会，公司才会给你机会；只有你为公司创造空间，公司才会给你空间；只有你为公司创造财富，公司才会给你财富”等

2. 企业文化创新的重要性

企业文化创新是指为了使企业的发展与环境相匹配，根据本身的性质和特点所形成的体现企业共同价值观的企业文化，并不断创新和发展的活动过程。

一切有生命力的企业文化都离不开有意识的归纳、总结、提炼和升华。能否在深刻挖掘企业自身文化特点的前提下，结合企业所处的经济环境和长远发展目标，确定本企业的文化内涵，并使全体员工认同这一文化，在生产经营活动中自觉体现这一文化，在实践中不断丰富、发展这一文化，已成为21世纪衡量一个企业是否成熟的重要标志。具体如表5－2所述。

表 5-2 企业文化创新的重要性

创新思路	实施策略
深入理解	要对企业文化的内涵有更全面、更深层次的理解。要彻底从过去那种认为搞企业文化就是组织唱唱歌、跳跳舞、举办书法、摄影比赛等思维定式中走出来，真正将企业文化的概念定位在企业经营理念、企业价值观、企业精神和企业形象上
转变观念	积极进行思想观念的转变。要从原来的自我封闭、行政命令、平均主义和粗放经营中走出来，牢固树立适应市场要求的全新的发展观念、改革观念、市场化经营观念、竞争观念、效益观念等
与时俱进	认真掌握现代化的管理知识和技能，同时要积极吸收国外优秀的管理经验，用于企业发展，并且在文化上要积极融入世界，为企业走国家化道路做好准备
积极创新	具有强烈的创新精神，思维活动和心理状态要保持一种非凡的活力，双眼紧盯着国际、国内各种信息，紧盯着市场需求，大脑中要能及时地将外界的信息重新组合构造出新的创新决策

3. 如何传承和创新企业文化

创新企业文化，要从两个方面着手。

（1）对现有企业文化进行系统调研和评估。企业文化是企业全体员工在长期生产经营过程中形成的价值观念、经营理念、团体意识和行为规范的总和。企业文化包括理念文化、制度文化、行为文化和物质文化。对企业文化的调研必须系统全面，应该分别对理念文化、制度文化、行为文化和物质文化进行深入调研，系统分析，客观评估。明确哪些是优秀的文化，符合企业未来发展需要；哪些是过时的文化，会阻碍企业未来的发展。

（2）充分继承优秀文化。对优秀文化的继承首先要从理念开始，要对优秀的理念进行充分的继承；其次是继承优秀的制度文化；再次是行为文化；最后才是物质文化。在继承过程中，必须要注意理念文化、制度文化、行为文化和物质文化的匹配和有机结合问题。在很多情况下，四者之间是相互矛盾，而不是有机结合的。这种情况下，必须对这四个部分单独继承，而不是组合继承，把有矛盾冲突的都丢掉。

比如，公司倡导的理念与所制定的制度之间不相吻合，存在明显冲突，在继承的时候不能简单把这样的理念和制度同时丢掉，而是应该对两者分别进行分析，分别看是否对企业未来的发展有促进作用，只要有促进作用，就应该保留下来，没有促进作用的就丢掉。因此，最后的继承结果有四种情况：保留理念，废除制度；放弃理念，保留制度；修正理念，调整制度；放弃理念，废除制度。

值得注意的是，在文化创新过程中一定要谨慎分析，区别对待，不要将“洗澡水和小孩一块倒掉”。比如，郭仕纳担任 IBM（国际商业机器公司）公司董事长期间，对 IBM 文化进行创新时就有这么一个例子，他继承了 IBM 创始人汤姆·沃森所形成的核心价值观“尊重客户”，但是却废除了员工上班“穿深色西装、白衬衣、素色领带”的要求，因为在创始人汤姆·沃森年代，“穿深色西装、白衬衣、素色领带”是对客户尊重的有效表现形式，但是在郭仕纳担任 IBM 公司董事长的 20 世纪 90 年代，这种形式已经过时了，不符合外部环境了。

采取培育企业创新文化的有效策略

有创造力的员工是一个企业创新活动的重要组成部分，他们常常需要激励和获得机会，最大限度地发挥自身的创造潜力。企业应该从战略角度思考如何聘用、留住和激励这些员工，从而培育一种创新的企业文化（见表5－3）。

表5－3　　培育创新文化的战略

战　略	含　义
开阔视野	保持工作场所的多元化对于产生大量独创想法来说至关重要。要想产生有创意的想法，很重要的一点就是从数量开始，而不是质量。所以，跨国公司在多元化方面具有优势，因为它们能够从来自世界各地的员工那里获得各种各样的想法
积极交流	好的想法往往来自那些在一线工作、每天都和顾客打交道的员工。给所有层次的员工创造机会，倾听他们为新产品或服务提出自己的想法
注重培训	创新是一种可以学会的能力。企业必须要有正式的员工学习和发展项目，发展个人和组织的创造力。虽然一些员工天生就比其他人有创造力，但是每个员工都应接受开发创造力的培训
提供环境	办公室的设计应该在激发创造力和增进交流方面起到一定的作用。有创意的想法更有可能在一个更加随意的环境里、在与员工的交往过程中产生出来，而不是产生于董事会的会议上。有一个趋势是设立咖啡厅、游戏室或共同工作区来促进日常的合作
知识分享	俗话说："知识就是力量。"在公司内部共享信息和知识，员工们就能够以一种更为全面的方法来解决问题而不是就事论事。共享信息的另一个大好处是让员工们自己来承担责任
支持冒险	企业必须创造一种氛围，让员工能够挑战传统的办事方法。这对一些公司来说可能是一种挑战，因为它们的管理风格相对来说是一种家长制和集权制。在一种逃避风险的氛围中工作的员工不大可能创造出突破性的产品或服务
容忍失败	期待员工每次尝试都能成功的想法是幼稚的。多多练习，创造力才能越来越强。必须营造一种氛围，即不用担心创意想法失败后会受惩罚甚至被解雇

续 表

战 略	含 义
加强合作	一些大公司往往会采取跨职能部门小组来完善创意的想法。组建一个由来自各个职能部门的员工组成的小组能够确保创意是均衡的。每一名员工都应该接受培训，明白如何成为一个有效的小组成员
奖励创新	成功提出创意的员工必须得到承认和奖赏。物质奖励可以是奖金、升职或股票的形式
注重行动	企业的领导风格必须是锐意进取而不是打官腔。这有助于迅速决策

总之，每个人都有创新的潜力。所以企业必须开发和释放员工个人和整体的创造能量。只有这样做，企业才能培育出一种创新文化，确保企业长期的可持续发展和赢利。

企业文化的传承机制与创新步骤

在企业内部，企业文化传承理念的确立并不难，难的是如何将文化不断传承和推广下去，使其深植于企业的经营和管理中。在如何处理企业文化建设中传承与创新的关系上，国有企业的老牌红旗单位——大庆油田做得相当出色。

早在20世纪60年代初期，在我国连续3年遭受严重自然灾害的大背景下，帝国主义、霸权主义对我国进行经济封锁，撕毁合同，撤走专家，妄图用石油卡我们脖子。以“铁人”王进喜为代表的大庆石油工人不怕苦、不畏难，坚持党的领导，在极其困难的时候、困难的地方、困难的条件下，以“宁可少活二十年，拼命也要拿下大庆油田”的干劲，进行了一场气壮山河的石油会战，高速度、高水平地拿下了大庆油田，一举甩掉了中国贫油的帽子，为国家争了光，为民族争了气。

在创造巨大物质财富的同时，大庆油田还培育形成了极为宝贵的精神财富，特别是在石油会战过程中创造形成的大庆精神、铁人精神，不仅对夺取石油会战胜利起到了决定性作用，对大庆发展和我国社会主义建设产生了重大影响，而且成为中华民族宝贵的文化财富。

大庆油田在二次创业初，面对干部职工心理失衡和情感不通的情况，大庆精神、铁人精神还要不要？新一代决策层旗帜鲜明地认为，大庆精神不仅不能丢，而且还要赋予其更多新时代的特点、新时代的内涵；大庆精神在社会转型时期，不仅需要，而且比以往任何时候都需要。于是，他们将一次创业中诞生的大庆精神经过提炼升华、传承创新，高度概括凝缩为“爱国、创业、求实、奉献”8个字，并赋予与时俱进的新内涵。由于这一企业文化已经深深根植于新老大庆人的内心世界，根植于中华民族的精神沃土，因而在广大干部职工的普遍认同中扎实落地生根，在全员自觉践行中自然开花结果。

以“铁人”王进喜为代表的大庆油田工人，把“艰苦创业”作为座右铭，坚持“有条件上，没有条件创造条件也要上”的创业精神。大庆人艰苦创业、三老四严的精神，化作了中国工人阶级自力更生、艰苦创业的强大力量。这种“大庆文化”感召至今，每当人们提到大庆油田的时候，不仅想到铁人精神，还有一批批不断涌现的先进人物和事迹等，这都是得益于企业文化的有效传承与创新。

企业文化集中体现的是一个企业经营管理的核心主张，企业越大越要靠文化来治理，制度也是为了强调文化，所以树立文化，建设文化，并有效地传承企业文化，积极地创新企业文化，是每一个企业迫切要进行的事！

1. 建立企业文化传承机制

没有传承，就没有文明；没有传承，也就没有了历史。对于企业来说，没有传承则永远也发展不了，做不强。传承企业文化需要搭建文化理念的通道，比如，建立完善的企业文化传承机制，并通过“传、帮、带”的方式传承企业文化（见表5-4）。

表5-4　企业文化的传承机制

传承机制	实施细则
建立关键岗位工作日志	如果以工作笔记或电子文档的形式把工作中的心得、体会、经验教训记录下来，不仅利于自己以后的工作，对下一位接手工作的人员也有很大的帮助，同时也是企业积累的一笔财富。但这种方式切不可流于形式，要有监督、有使用、有管理，否则，写出的工作日志即使如山一般多也毫无意义
建立和完善交接制度	老员工离开公司时，能够把一些重要的事务与未完成的工作交代给新员工及其他同事，将促使新员工更快地进入工作状态，工作基本不会受到影响
建立人才培育机制	企业就像一个高速运转，齿轮众多的精密机器，任何一个齿轮的工作失常都会影响整个机器的运转，将因此造成的工作效率降低而导致的损失进行量化，是一笔不小的数字。一个匆忙上岗的员工和一个经过适应、磨合并获得了前辈的经验与指点的员工，所产生的工作效果是截然不同的
走好第一步	新员工和老员工有一个良好的开始，留下好的第一印象，对于后面的顺畅沟通、紧密协作有着重要的作用。比如，可以为新人入职时开展欢迎新人的见面会或交流聚会，帮助新员工消除生疏感等

续 表

传承机制	实施细则
把员工总结的经验、成果与奖金挂钩	企业应该设立一个员工贡献奖或与月、年的奖金直接挂钩，让利益驱动员工钻研、总结经验并乐于拿出来与大家分享。而相较其这些经验技巧能为企业带来的收益，付出的一点点奖金就显得微不足道了
设立荣誉奖	将员工的经验心得刊发在内刊上供大家学习阅读、举行隆重的颁奖仪式、组织学习员工的工作经验或把某些员工的小发明用其名字来命名等，慢慢在企业形成良好的经验积累与传承的氛围

2. 企业文化创新步骤

创新企业文化是在企业文化的四个基本层次上进行的，包括制度文化创新、行为文化创新、物质文化创新和理念文化创新，从而使企业文化更加符合科学发展观的要求，在不断完善中为企业的发展提供强大的精神力量源泉。在具体操作上，这里简单分享一下企业文化创新的几个步骤。如表 5 – 5 所述。

表 5 – 5　　企业文化创新的步骤

创新步骤	创新内容
认识到位	企业文化的建设要实现创新，首先要有新的思想作支撑，要学习科学发展观，用符合科学发展观的方式方法去创新企业文化。企业要创新发展企业文化，首先要认识到位，然后才能措施到位
在继承的基础上创新	在企业文化的创新中一定要注意“不要把洗澡水和孩子一块倒掉”。创新是在一定基础上的发展，因此，应该分别对理念文化、制度文化、行为文化和物质文化进行深入调研，系统分析，客观评估，明确哪些是优秀的文化，符合企业未来发展需要；哪些是过时的文化，会阻碍企业未来的发展

续　表

创新步骤	创新内容
科学地确定企业文化的内容	根据社会发展的趋势和文化的渐进性，结合国家、企业的未来目标和任务考虑文化模式；根据企业的外部客观环境和内部现实条件，形成企业的共性文化和个性文化；要认清自己的特点，发挥本企业及其文化素质的某种优势，在自己经验的基础上发展本企业的文化个性；着眼企业发展战略，注重培育企业精神
创新发展企业文化	一是对企业的经营理念、价值理念进行创新，提出更具有竞争力的理念文化体系。二是对不符合企业理念的制度进行修正和完善，实现制度与理念充分匹配，理念指导制度，制度体现理念。三是以理念为最高要求，以制度为最低要求，进行系统梳理，逐项调整，最终实现行为文化与理念文化相吻合。四是以理念文化为指导，对各种物质文化进行系统梳理和排查，彻底消除、调整和改进，最终实现物质文化与理念文化相吻合

总之，企业发展道路有多长，企业文化建设的过程就应该有多长。而优秀的企业文化，更要有与之配套的文化传承机制，并积极进行创新发展，才能使企业文化在企业发展的各个阶段发挥积极的推动作用。建立企业文化的传承与创新机制是一个长期的过程，必须分阶段、分步骤展开，每一个阶段都侧重不同的主题，由此形成一个持续的过程。

企业真正的延续是企业精神的延续

每个企业都有各具特色的企业精神，它往往以简洁而富有哲理的语言形式加以概括，通常通过厂歌、厂训、厂规、厂徽等形式形象地表达出来。它可以激发企业员工的积极性，增强企业的活力。继承原有企业文化要抓住精髓，着重在企业精神上继承。

被誉为“鱼米之乡”的钱塘江畔，出了一个闻名全国的乡镇企业和一位泥腿子农民企业家，那就是杭州万向节总厂和厂长鲁冠球。20年前，工厂还是一个只有7名职工的乡村“铁匠铺”。如今，它已经发展成为全国规模最大、品种最多、产量最高的汽车万向节生产基地，在全国1800万家乡镇企业同行中，首家获得国家一级企业的殊荣。厂长鲁冠球先后被评为全国“十佳农民企业家”与“全国十大新闻人物”。

厂长鲁冠球在总结企业管理与治厂经验时认为，培养和倡导优秀的企业精神是十分重要的。在日常经营管理和内部公共关系工作中，提出了十六个字的企业精神，即“想主人事，干主人活，尽主人责，享主人乐”。

杭州万向节总厂确立企业精神的第一条就是“想主人事”。根据乡镇企业职工绝大多数亦工亦农的特点，工厂通过“两袋投入”（即物质手段的口袋投入与精神激励的脑袋投入）来调动员工的主人翁意识。围绕“脑袋投入”，该厂的基本思路是把经营管理与思想政治工作结合起来。工厂每进行一项活动，下达一项生产任务，都要让职工明确“做什么”“为什么做”“怎样做”“这样做了对国家有什么好处”。“为国作贡献的事就在你岗位上。”这是工厂围绕着“想主人事”展开的一项职工竞赛活动。

1988年7月，国内外用户纷纷向厂方要货，产品供不应求，生产频频告急。这时，厂部办公室起草了一封《公开信》，信中告诉每位职工，工厂欠产已达17万套万向节，能否按时供货，关系到国家信誉和企业形象，尽量满足用户需要，为国家多创汇多贡献，是每一位职工当家做主的光荣职责。一下子，工厂面临的喜与忧，成为职工们茶余饭后的热门话题。尽管当时气温高达38℃以上，大家仍然坚持上班顶岗，结果超额完成了生产任务，及时满足了各界用户的需要。企业的7项主要经济技术指标连续5年居全国同行业首位，尤其是职工的劳动生产率更是提高了12倍，职工每增加1元收入，就会为国家和企业多创造4元收入。

杭州万向节总厂确立企业精神的第二条是“干主人活”。在商品经济发展的大潮中，杭州万向节厂把眼光瞄向了国际市场。工厂提出：“如果我们把产品打入汽车王国的美国，就如同有人把丝绸打入我们享有‘丝绸之府’称号的浙江。一个企业如果只能赚本国人的钱那不算好汉，只有把产品拿到国际市场上去竞争，去赚外国人的钱才是真本事。”

1986年，应美国客商的邀请，鲁冠球作为中国第一位访美的农民企业家与其签订了每年向美方出口20万套万向节的长期供货意向书，1990年厂方向美国市场投放的万向节增加到200万套。

“尽主人责”，是杭州万向节厂企业精神的一个重要组成部分，现时不少农民职工存在“被雇用心理”，容易产生“八小时内为你干，八小时外自己干”。为了使职工群众焕发主人翁精神，企业领导班子处处关心职工、爱护职工、理解职工、尊重职工。平时他们通过厂报、广播和黑板报、宣传栏，定期地把企业的大政方针、重要决策以及面临的困难告诉每一位职工，使上下一心想企业所难，解企业所急。

与此同时，厂部还专门设立了“厂长意见箱”，让职工提建议。对于来自群众的合理化建议，及时给予采纳和奖励。为了更好地做到“尽主人责”，工厂还开展了“信得过”活动。这项活动是把产品质量由过去检验员把关，变为以工人自检为主。如今，全厂已产生了100名“信得过职工”，14个“信得过小组”。

对于“享主人乐”，杭州万向节厂一班人认为，对职工不能只讲奉献，还要给他们创造一个安居乐业的生活环境。为此，工厂专门组织了对职工实际困难的摸底调查，厂方先后解决了400多名职工家属的就业问题。他们还专门组织妇女干部做“红娘”，给大龄青年牵线搭桥。工厂有些科技人员、供销人员每年几乎有一半以上的时间在出差，子女教育、家务劳动都落到妻子肩上，时间一久，他们的妻子难免要有怨言。为了鼓励家属支持丈夫做好工作，厂工会组织了40多位婆婆、妈妈搞了一次“海陆空”旅游。让她们乘飞机上南京，坐火车游无锡，乘轮船回杭州，这些家属表示今后一定要当好“内当家”，全力支持丈夫的工作。

杭州万向节厂在创业过程中，“想主人事，干主人活，尽主人责，享主人乐”的16字企业精神犹如一只看不见的手，激发起全厂职工自觉的主人翁责任感和持久的劳动热情。可以说，这16字的企业精神，就是杭州万向节厂闻名海内外的立身之本。

1. 什么是企业精神

企业精神指企业员工所具有的共同内心态度、思想境界和理想追求。它表达了企业的精神风貌和企业的风气。

企业精神包括三方面的内容：一是由于员工对本企业的特征、地位、形象和风气的理解和认同，从而形成强烈的群体意识；二是由企业优良传统、时代精神和企业个性融会的共同信念、作风和行为准则；三是员工对本企业的生产、发展、命运和未来抱有的理想和希望。企业可以根据自己的情况提炼出能够充分显示自己企业特色的企业精神。

企业精神的特殊内涵决定了它具有个性和共性特征。企业精神的个体特征是指每一个企业都有自己独特的企业精神，由于企业哲学、价值观念、行为准则、道德规范的不同，企业精神也必然各有特点。企业精神的共性特征是指企业精神对企业全体职工信念和追求的高度概括，同时又使这种共同信念和追求根植于每个职工的心中，从而产生共同的思想和行为。个性和共性特征是企业精神最本质的特征，是对企业精神认识的起点。具体来说，企业精神的基本特征如表5－6所述。

表5－6　　企业精神的内涵

特　　征	含　　义
真实性	企业生产力状况是企业精神产生和存在的依据，企业的生产力水平及其由此带来员工、企业家素质对企业精神的内容有着根本的影响。很难想象在生产力低下的条件下，企业会产生表现高度发达的商品经济观念的企业精神。同样，也只有正确反映现实的企业精神，才能起到指导企业实践活动的作用。企业精神是企业现实状况、现存生产经营方式、员工生活方式的反映，这是它最根本的特征，离开了这一点，企业精神就不会具有生命力，也发挥不了它应有的作用
群体性	只有当一种精神成为企业内部的一种群体意识时，才可称作是企业精神。企业的绩效不仅取决于它自身有一种独特的、具有生命力的企业精神，而且还取决于这种企业精神在企业内部的普及程度，取决于是否具有群体性
稳定性与动态性	企业精神一旦确立，就相对稳定，但这种稳定并不意味着它就一成不变了，它还是要随着企业的发展而不断发展的。企业精神要求员工中存在的现代生产意识、竞争意识、文明意识、道德意识以及企业理想、目标、思想都具有稳定性。但同时，形势又不允许企业以一个固定的标准为目标，竞争的激化、时空的变迁、技术的飞跃、观念的更新、企业的重组，都要求企业做出与之相适应的反应，这就反映出企业精神的动态性，稳定性和动态性的统一，使企业精神不断趋于完善

续 表

特　征	含　义
独创性与创新性	每个企业的企业精神都应有自己的特色和创新，这样才能使企业的经营管理和生产活动具有针对性，让企业精神充分发挥它的统率作用。企业财富的源泉蕴藏在企业员工的创新精神中，企业家的创新体现在战略决策上，中层管理人员的创新体现在怎样调动下属的劳动热情上，工人的创新体现在他对操作的改进、自我管理的自觉性上。任何企业的成功，无不是其创新精神的结果
务实与求精	企业精神的确立，旨在为企业员工指出方向和目标。所谓务实，就是应当从实际出发，遵循客观规律，注意实际意义，切忌凭空设想和照搬照抄。求精精神就是要求企业在经营上高标准、严要求，不断致力于企业产品质量、服务质量的提高
时代性	企业精神是时代精神的体现，是企业个性和时代精神相结合的具体化。优秀的企业精神应当能够让人从中把握时代的脉搏，感受到时代赋予企业的勃勃生机。在发展市场经济的今天，企业精神应当渗透着现代企业经营管理理念、确立消费者第一的观念、灵活经营的观念、市场竞争的观念、经济效益的观念等。充分体现时代精神应成为每个企业培育自身企业精神的重要内容

2. 企业精神的现实意义

美国著名管理学者托马斯·彼得曾说："一个伟大的组织能够长期生存下来，最主要的条件并非结构、形式和管理技能，而是我们称之为信念的那种精神力量以及信念对组织全体成员所具有的感召力。"

企业精神是企业之魂，是企业在长期的生产经营实践中自觉形成的，经过全体职工认同信守的理想目标、价值追求、意志品质和行动准则，是企业经营方针、经营思想、经营作风、精神风貌的概括反映。其核心是价值观。

企业精神一旦形成，就会产生巨大的有形力量，就能对企业成员的思想和行为起到潜移默化的作用。因此通过培育和再塑企业精神，有利于建设一支富有战斗力的、能够完成企业既定任务的纯洁的员工队伍。同时，通过企业文化的建设和传播，塑造优秀的企业形象，增强企业的知名度和社会美誉度，从而达到提高企业核心竞争力的目的。具体来说，见表5－7所述。

表5－7　企业精神的意义

作　用	内　容
导向作用	企业精神不仅是一个企业的精神支柱，而且体现着一个企业在社会中确立良好形象的战略意识，它一旦转化为企业员工的内在需要和动机，就会产生目标导向作用，企业员工就会时时以企业精神为标杆来衡量和调整自身的行为，以符合企业的基本要求
凝聚作用	企业精神的凝聚作用是观念同一性的表现，即观念相同的人之间比较容易沟通，也比较容易达成行为一致，而观念不同的人则不容易沟通。在观念同一性的作用下，全体成员会把自己的切身利益同企业的生存和发展紧密联系在一起，热爱自己的企业，自觉维护企业的声誉和形象，与企业同呼吸共命运，为实现企业的目标而努力工作，甚至做出必要的牺牲
教育作用	它有两方面的含义。第一，从内容上讲，企业精神的教育作用就在于形成企业员工共同信奉的价值观念。第二，从途径上讲，企业精神为做好新时期思想政治工作提供了新途径。培育健康正确的企业精神，能够促进思想政治工作的实效，使企业文化更好地为企业的生产经营服务
约束作用	企业精神的核心内容是价值观，它能够衍生出严格的行为规范和道德标准，对员工的行为起到规范和约束作用。企业精神的约束作用即在于此

由于现代商品中的文化含量、文化附加值越来越高，由文化所产生的经济效益和社会效益也越来越高，因此，必须充分认识企业精神在塑造企业形象中的作用，发挥其特有的导向、凝聚、教育和约束作用，才能在竞争日益激烈的市场中占据一席之地。

总之，企业真正的延续是企业精神的延续，是企业人信仰的延续，是企业人人生追求、事业追求的延续；企业真正的延续是企业管理团队办企业的初衷、宗旨、使命的延续，是企业文化的延续！

创新理念文化，提出更具有竞争力的理念文化体系

一般来讲，理念文化体系应集中于系统表述企业最基本的存在假设、价值判断与运营规则，如企业的使命、愿景、核心价值观、系统做事原则等。

理念文化的创新是最艰难的，也是企业文化创新的核心和重点，因此必须在以下三个方面狠下功夫。

1. 树立“大文化”企业理念

大文化思维，是商业新玩法，也是中国企业未来发展的核心竞争力。有的企业发展缺乏灵魂，缺乏生机，缺乏存在感，就是因为缺少大文化这一核心要素。企业应该在原有文化要素中融入大文化，使得要素及产业链升级，产生新的动力，推动企业向前发展。

大文化要求具有广阔的视野。在当今时代，文化的地位日益凸显：文化在政治建设中创构价值，与政治良性互动、相得益彰；文化在社会建设中创建和谐，与社会交互作用、相互促进；文化在经济建设中创造财富，与经济已不是“两张皮”或是“文化搭台，经济唱戏”的关系，而是携手搭台联袂唱戏、渗透融合互利共赢。

企业创新理念文化，要在这一视野下构建自己的文化格局。勇于

和善于摆脱“小文化”的束缚和困惑，在“大文化”无限宽广的空间里，思索和探寻企业繁荣发展文化事业的新思路、新途径，推动企业文化与政治、经济、社会的有机统一。

2. 以市场的理念繁荣文化

市场理念认为，实现企业各项目标的关键，在于正确确定目标市场的需要和欲望，并且比竞争者更有效地传送目标市场所期望的物品或服务，进而比竞争者更有效地满足目标市场的需要和欲望。

许多优秀的企业都是奉行市场理念的。如：

> 日本本田汽车公司要在美国推出一种雅阁牌新车。在设计新车前，他们派出工程技术人员专程到洛杉矶地区考察高速公路的情况，实地丈量路长、路宽，采集高速公路的柏油，拍摄进出口道路的设计。回到日本后，他们专门修了一条9英里长的高速公路，就连路标和告示牌都与美国公路上的一模一样。在设计行李箱时，设计人员意见有分歧，他们就到停车场看了一个下午，看人们如何放取行李。这样一来，意见马上统一。结果本田公司的雅阁牌汽车一到美国就备受欢迎，被称为是全世界都能接受的好车。

随着社会主义市场经济的日益完善，市场在资源配置中不仅发挥着基础性的作用，而且越来越发挥着主导性和主体性的作用。企业创新理念文化应积极顺应市场经济发展的新形势，研究、尊重和利用市场规律，树立市场理念、强化市场导向，综合运用市场、经济、法律、政策、科技、信息等手段，实行间接管理、社会管理、宏观调控，有效实现经济调节、市场监管、社会管理和公共服务。

3. 提出更具有竞争力的理念文化体系

对企业理念的创新，首先必须对竞争企业进行研究和分析，充分了解竞争企业的经营思想和经营理念；其次必须分析研究国内外各种先进的经营理念和思想，对其进行充分借鉴；最后必须充分分析企业自身的实际情况，在此基础上，以创新后的理念文化为指导，对制度文化、行为文化和物质文化分别进行创新，由此形成更具有竞争力的理念文化体系。

创新制度文化，修正和完善不符合企业理念的制度

制度文化是人类为了自身生存、社会发展的需要而主动创制出来的有组织的规范体系。企业创新制度文化，是企业文化发展的推动力。对制度文化的创新必须以理念文化为基础，对不符合企业理念的制度进行修正和完善，实现制度与理念充分匹配，理念指导制度，制度体现理念。在这方面，沈阳黎明航空发动机集团有限责任公司的制度创新堪称范本。

黎明公司隶属于中国航空工业第一集团公司，始建于1954年，是国家“一五”期间156项重点工程项目之一，新中国第一个航空涡轮喷气发动机制造企业，中国大、中型航空喷气式发动机科研生产基地。在文化建设方面，黎明公司以脱困与发展为工作主线，明确企业发展定位和发展战略目标，确立、培育与发展

核心技术专长。通过军民分立、主辅分离、制度创新，使企业的组织结构、产品结构、资产结构根据发展的需要不断改善并趋向合理。

由于在长期的计划经济体制下，形成了基本封闭、自我服务式的生产福利型的传统国有企业结构，为了适应客观环境的变化和企业发展的需要，1999 年以来，黎明公司在“发展主业，分离辅业，优化结构，转变机制”的战略思想指导下，将透平机械类产品研制确定为核心主业，对航空产品生产能力，通过调整整合，集中力量实行专业化发展；对非主业单位，通过改制，成立了 8 个产权独立、自主用工的有限责任公司，使其脱离母体成为真正的市场主体，放开手脚谋求发展。经过 4 年的调整，黎明公司已经基本形成了以集团公司管理层、技术中心、专业化航空产品生产厂为核心主体，由民品厂和辅业单位改制而成的有限责任公司群体为卫星企业的集团化母子公司框架结构。

在精化分工、主辅分离的工作中，黎明公司坚持以下基本原则：一是军民分线，主辅分离；资源调整与体制创新、流程再造相结合，通过改革、重组，合理组合现有生产力要素，促进发展。二是航空产品能力调整，坚持从行业发展的全局利益出发，坚持专业化与系统化相结合，通过调整实现生产能力的自身匹配与行业互补性，产品与工艺专业化的结合性，工艺技术的先进独特性和制造质量的稳定可靠性。三是辅业单位与母体分离，坚持整体剥离、带资分流，由经营型分离转变为制度型分离。

黎明公司的精化分工、主辅分离工作分两个步骤实施：第一步，军民分线。通过对航空产品生产能力的整合，以核心技术为依托，打造专业化配套的航空发动机、燃机研发制造机制。第二步，主辅分离。通过改制，实现非航空主业、后勤服务单位与母体的分离，建立产权明晰、权责明确的集团化现代企业运行机制。

通过分离，黎明公司实现了国有资本有进有退，使企业资源得以优化组合，精干了主业，增强了母体的核心竞争能力；另外，辅业单位脱离母体后，成为资本多元的市场竞争主体，能够按照自身特点和市场环境选择和建立新的管理运行机制，有利于企业的发展。

1. 企业制度创新的基本制度条件

企业制度本质上是一种“内部规则”，这意味着企业制度创新及其演进主要是一个企业基本逻辑自然展开和拓展的过程，而不是一个任何其他主体（包括政府）在替代性思维支配下进行主观设计的问题。从企业制度作为产权主体间通过再谈判机制达成的动态博弈均衡之代表的角度来看，企业制度创新及其演进需要三大基本制度条件，即产权原则、法治原则和合约原则（见表5－8）。

表5－8　　企业制度创新的基本原则

原　　则	含　　义
产权原则	即各生产要素必须有其人格化的代表，或者，社会财富必须在社会成员之间进行明确的和排他性的分配。它是整个企业制度赖以成立并发挥作用的隐含前提
法治原则	是实现产权原则的法律后盾。它包含两重相辅相成的含义，一是法律原则必须具有“合法性”；二是将基于产权原则的“权利”纳入法制化的轨道，更应当将国家或者政府的“权力”也纳入法制化的轨道
合约原则	是企业制度的深层精神实质。合约的签订必须依据各方的意志一致同意而成立，缔约各方必须同时受到合约的约束。无论任何一方接受了特定的企业合约，就意味着它认为这个合约所规定的要素行为和利益优于其他可能的合约

2. 企业制度创新的基本内容

企业的制度文化包括企业领导体制、企业组织结构和企业管理体制两个方面的内容。

（1）制度建设要与精神文化建设相一致。并非所有的规章制度都是企业文化的内容。只有那些符合企业价值观要求、增强企业向上精神、激发员工积极性和自觉性的管理制度，才能构成企业文化的组成内容。因此，我们判断一条规章制度是不是企业所需要、一条规章制度是不是需要调整乃至摒弃，标准只有一个，即该制度是否同企业价值观、企业精神相一致并能利于企业价值观、企业精神的提升。

（2）制度建设要坚持“以人为本”的原则。制度文化的效力点不在别处，而在人的心灵。所以，要适当把握企业精神、价值观的“柔”和制度化管理的“刚”，必须坚持“以人为本”。鼓励员工参与到企业各项制度的制定工作中来，倡导企业的民主管理制度和民主管理方式，是坚持“以人为本”；重视各项制度执行中的反馈意见，广泛接受企业员工和广大服务对象的意见、批评和建议，及时做好有关制度的调整工作，是坚持“以人为本”；完善公开制度，增加工作的透明度，让员工知情、参政、管事，使企（司）务公开工作更广泛、更及时和更深入人心，也是坚持“以人为本”。实践证明，坚持“以人为本”，走群众路线，实践制度的“从群众中来，到群众中去”，有利于保证各项制度的合理性和可行性。

3. 进行制度的调整和变革

认识制度化过程对企业文化发展的利弊，有利于我们在企业文化建设过程中保持清醒认识，以便及时采取有效措施，避免相对固化的制度给企业变革可能带来的阻力。企业变革前，我们要尽量预见变革后企业文化与现有制度文化之间可能存在的冲突，以便策划制度变革的有效方法，在企业变革的同时有计划地实施制度变革；企业变革后，我们要密切关注原有制度对新文化的负面影响，做到及时纠正、调整。

认识制度是企业文化的一部分而不是全部的意义在于，在企业文化建设中，强调制度的建设无疑是必要的，但企业文化建设不能仅仅局限于制度，更不能迷信于制度的制定而忽视企业文化的其他部分建设；企业文化建设中，不能仅仅局限于完善制度本身，而应同时强调制度的执行和调整，从而确保制度的科学性、可行性和有效性。

创新行为文化，员工群体行为要以制度为准绳

任何岗位，都有一些需要共同遵守的职业道德规范，如爱岗敬业、遵纪守法、开拓创新等。但对不同的岗位，道德要求又具有鲜明的特殊性，如路政、收费行业实行的军事化、标准化管理。

1. 企业行为文化的内容

在企业文化结构的四个层面中，行为文化处于第二层，是员工在生产经营、学习娱乐中产生的活动文化，是企业经营风格、精神面貌、人际关系的动态表现，也是企业精神、企业价值观的折射。企业行为文化包括以下几方面的内容。

（1）企业领导者行为。企业领导者是企业管理中的一种特殊的

"角色丛"——思想家、设计师、牧师、艺术家、法官和朋友。企业领导者是理念体系的建立者，精通人生、生活、工作、经营哲学，富有创见，管理上明理在先，导行在后；企业领导者高瞻远瞩，敏锐地洞察企业内外的变化，为企业也为自己设计长远的战略和目标；企业领导者将自己的理念、战略和目标反复向员工传播，形成巨大的文化力量；企业领导者艺术化地处理人与工作、雇主与雇员、稳定与变革、求实与创新、所有权与经营权、经营权与管理权、集权与分权等关系；企业领导者公正地行使企业规章制度的"执法"权力，并且在识人、用人、激励人等方面学高为师、身正为范；企业领导者与员工保持良好的人际关系，关心、爱护员工及其家庭，并且在企业之外广交朋友，为企业争取必要的资源。在一定层面上，企业领导者的价值观代表了一个企业的价值观，"企业文化就是老板文化"的说法是有一定道理的。

（2）模范人物行为。模范人物使企业的价值观人格化，他们是企业员工学习的榜样，他们的行为常常被企业员工作为仿效的行为规范。企业的模范行为可以分为企业模范个体的行为和企业模范群体的行为两类。企业模范个体的行为标准是，卓越地体现企业价值观和企业精神的某个方面；一个企业中所有的模范人物的集合体构成企业的模范群体，卓越的模范群体必须是完整的企业精神的化身，是企业价值观的综合体现。企业模范群体的行为是企业模范个体典型行为的提升，具有全面性，因此在各方面它都应当成为企业所有员工的行为规范。

（3）员工群体行为。员工的群体行为决定了企业整体的精神风貌和企业文明的程度，员工群体行为的塑造是企业文化建设的重要组成部分。要通过各种开发和激励措施，使员工提高知识素质、能力素质、道德素质、勤奋素质、心理素质和身体素质，将员工个人目标与企业目标结合起来，形成合力。

2. 建立企业行为文化的基本准则和行为规范

建立企业行为文化的基本准则和行为规范对于创新企业行为文化具有前提性意义。事实上，一个连基本准则和行为规范都不具备的行为很难创新为优秀的行为，这就是说，企业行为文化的基本准则和行为规范的建立，是创新企业行为文化的第一步。

建立企业行为文化的基本准则（见表5－9）和行为规范（见表5－10），需要坚持贯彻"以人为本，从严厉行"的管理思想，一切从实际出发，要求员工严格遵守企业的各项管理制度，规范履职，按章办事，群策群力，共树企业良好形象，同建企业知名品牌。

表5－9　　　　建立企业行为文化的基本准则

基本准则	内　　容
诚实守信	任何时候都忠诚于企业，遵守纪律，服从领导，对学员、合作伙伴、国家、社会等必须讲究诚信；如实开展工作，真实反映情况，绝不虚情假意、虚报实情，真正做一个"讲真话、做实事"的合格职员
顾全大局	坚持一切从大局出发，发扬集体主义精神，努力维护整体利益，共创价值，共享价值，不得做损害企业形象和利益的事情，不得有损人利己、以公谋私的行为
正确归因	坚持"成绩向外归因、挫折向内归因"原则，取得好的成绩需要诚心地感激领导、同事及合作伙伴对自己的支持与帮助；遇到困难与挫折，从自身上找出根源所在，吸取教训，改正方法，继续努力，不要寻找各种理由与借口来推卸职责
爱岗敬业	热爱自身职业，坚守岗位，尽心尽责，兢兢业业，全力做好分内工作，努力兼顾分外事务；务必对自己的言行高度负责任，绝不寻找任何理由敷衍塞责

续　表

基本准则	内　　容
专心工作	养成专注、专心及周到、细心的工作习惯，善待岗位、工作及自己，把工作或任务视为提升自己的契机，不做与工作无关的事情
勤奋工作	要树立把工作看作生命组成部分的观念，以端正的态度对待工作或任务，千方百计地去想办法解决一切困难，殚精竭虑地按时保质完成每一项工作或任务
高效工作	讲求工作效率，一旦工作或者任务明确，立即行动，分秒必争，速战速决，以高效率创造高效益，绝不拖拉行动、被动执行、敷衍了事
学习创新	保持谦逊、包容、开放的学习气度，工作学习化，学习工作化，不断吸收新思想、新信息及新技术，以人之长补己之短，变短为长，超越自我，创新发展

表 5－10　　建立企业行为规范的内容

行为规范	内　　容
仪表规范	日常着装必须整洁、大方和得体；因公涉外活动时，男士着西装、打领带，女士穿西装套裙；参加社交活动时，根据喜好着装，但力求高雅、美观
仪容规范	容貌修饰自然端庄，不过于张扬；面部保持洁净，头发梳理整齐；男职工不留长发，不蓄长胡须，女职工不烫怪异发型，化妆自然得体；神态自信，举止稳重，禁忌粗俗行为；常面带笑容，保持开朗，营造和谐、融洽的氛围
仪态规范	站姿要腰身挺直，禁忌躬背哈腰；不随意扶、拉、倚、靠、趴、蹬、跨，双腿不可不停地抖动；坐姿要从容，就座动作轻稳（男士腰背挺直，女士文雅自然）；离座稳重，非固定椅子须放回原处；走姿要上身保持正直，双肩放松，目光平视

续 表

行为规范	内　　容
言语规范	用语礼貌，多用敬语、谦语，如“您、请、谢谢、对不起”等，不说脏话、忌语；热情、诚恳，语气平和，手势得当，切忌用手指人和拉拉扯扯；不要随意打断他人讲话或心不在焉，切忌打听他人隐私和贸然提问；目视交谈对方，适时点头、应答；说话时间长短适度，切忌滔滔不绝；会议、接待等场合宜讲普通话
办公规范	以职务或职称称呼上级，以职务或同志等称呼同事，以先生、女士等称呼患者和宾客；遇到同事、患者和宾客，见面先问好，面带微笑，言语礼貌；未经同意不得随意翻看同事的文件、资料等；上班时间不做与工作无关的事务
电话规范	电话铃响三声之前接听，超过三声接听时主动道歉；要有明朗的心情，以对方看着自己的心态去接听电话；接起电话，清晰地说“您好，这里是××××”；接听过程中语音清晰、语气自然、语速适中、语调平和，切忌心不在焉、敷衍应付；接到打错的电话，礼貌说明，尽量提供帮助；通话完毕，礼貌道别，轻放电话（备注：地位高者或患者，主叫者先挂电话）
礼仪规范	交际礼仪主要包括介绍和被介绍、称呼与被称呼、交谈用语、座位安排、说话时的姿态、肢体语言、禁忌用语、服饰、互换名片、站姿坐姿、握手与挥手、节日问候等。工作礼仪，如展会、岗前小会、店会、表彰会、职代会、培训会、新闻发布会以及技术、生产、销售合作签约仪式、合资项目签字仪式等。生活礼仪包括企业的文体活动、联欢会、讲演会、茶话会等，通过这些活动可以密切员工之间的关系，有利于共同价值观的形成和传播。节庆礼仪指那些对企业具有重要意义的纪念活动仪式，主要包括公司的节日庆典和公共节日庆典

3. 企业行为文化的创新

在企业行为文化的基本准则和行为规范的基础上的创新，应做到六个坚持，见表 5－11 所示。

表 5－11　　创新企业行为文化

节　点	内　容
抓好教育	坚持通过教育的办法提升职工素质，规范职工行为
严格考核	坚持严格考核，督促职工不碰制度的“红线”。让职工明确该做什么、必须做到什么程度、没有做到会受到什么样的处罚，在实际考核过程中兑现奖惩，让制度落到实处
加强监督	坚持加强监督，使职工行为处于受控状态。必须坚持巡查，加强现场监督，必要时对现场进行适时监控，对办公环境实行开放式办公，强化工作人员之间的相互监督。通过长期的约束，在“跳蚤”理论的瓶口高度内行事，这个范围自然而然地成为行为规范
用好载体	坚持用好载体，让职工在潜移默化中规范行为。为了使行业行为规范成为职工的自觉行动，并达到习惯成自然的境界，应通过报纸、网站、宣传栏等载体，大力宣传行业行为规范，使规范入心入脑，同时开展“着标准装、用文明语”主题教育活动，强化服务行为，倡导文明新风
选树典型	坚持选树典型，让职工在正面激励中遵章守纪。每个人都有精神需要，蕴含着巨大的精神力量，获得激励，人的精神力量得到开发，激励越多，开发的精神力量就越大。榜样的力量是无穷的，通过选典型、树榜样，形成人人赶超先进、个个争当先进的良好局面
心理疏导	坚持心理疏导，让职工在自我暗示中约束自己。行为科学告诉我们：自我暗示能使个体加深对某一观念的认识，并按某一方式行动，在行为文化建设上加大思想政治工作力度，对个别人实施一对一思想政治工作，耐心疏导，达成共识，使其在自我暗示中得到自律

创新企业行为文化必须以理念和制度为指导，以理念为最高要求，以制度为最低要求，进行系统梳理，逐项调整，最终实现行为文化与理念文化相吻合。理念指导行为，制度规范行为，行为实践理念，行为以制度为准绳。

创新物质文化，实现物质文化与理念文化相吻合

企业物质文化是一种以物质形态为主要研究对象的表层企业文化，是形成企业文化精神层和制度层的条件。优秀的企业文化是通过重视产品的开发、服务的质量、产品的信誉和组织生产环境、生活环境、文化设施等物质现象来体现的。

物质文化是企业文化创新的一个重要环节，但是，在现实的企业文化建设实践中，一提到物质文化，大家似乎都将其简单理解为以VI设计为主的企业形象系统，除此之外，在企业的物质文化建设方面没有投入更多的思考和做更多的事情。相比之下，娃哈哈就做得非常成功。

娃哈哈文化在物质层面的建设，主要体现在以下诸多方面。

娃哈哈卡通人物，其可爱、健康、快乐的造型与娃哈哈宗旨相吻合；

全国34个生产基地，69家分公司，建筑面积达90多万平方米的现代化一流厂房，展现了一个现代龙头企业的崭新风貌；

分布在全国各地，总价值达54亿多美元的400多条高度现代化、自动化生产线，是娃哈哈崇尚科学、精益求精科学价值观的体现；

娃哈哈儿童营养液、含乳饮料、饮用纯净水、娃哈哈童装等产品有益身体健康，给人带来欢乐是娃哈哈“健康、欢乐”宗旨

的直接体现；

娃哈哈非常可乐，娃哈哈“激活”维生素水，娃哈哈茶饮料等产品敢于直面国际品牌，不断创新，是“勇于开拓，自强不息”等价值理念的直接体现；

大量生动、活泼的娃哈哈广告，全国几千家娃哈哈经销商，娃哈哈三次被评为“中国最受尊敬的企业”，这些是“创新、诚信”等价值理念的体现；

娃哈哈在革命老区，国家级贫困地区，三峡库区建起的十几家对口支援企业，直接解决上万人就业，是娃哈哈“对社会负责”理念的直接体现；

娃哈哈公司总部有两个企业形象展示厅，它是娃哈哈总体形象的物质载体。

在娃哈哈的这些物质层面，商标战略具有独到之处。在当时，受传统营养液起名习惯的影响，人们的思维多在“素”“精”“宝”之类的名称上兜圈子，谁也没有留意源自一首新疆民歌的“娃哈哈”3字。厂长宗庆后却独具慧眼地看中了这3个字。他的理由有三：其一，“娃哈哈”三字中的元音a，是孩子最早最易发的音，极易模仿，且发音响亮，音韵和谐，容易记忆，容易接受。其二，从字面上看，“哈哈”是各种肤色的人表达欢笑喜悦之声。其三，同名儿歌以其特有的欢乐、明快的音调和浓烈的民族色彩，唱遍了天山内外和大江南北，把这样一首广为流传的民族歌曲与产品商标联系起来，便于人们熟悉它、想起它、记住它，从而提高它的知名度。一言以蔽之，取这样一个别致的商标名称，可大大缩短消费者与商品之间的距离。宗厂长的见解得到了众多专家的赞同。

商标定名后，厂里又精心设计了两个活泼可爱的娃娃形象作为商标图形，以达到商标名称和商标形象的有机融合。商品包装的刻意改进，也成了有效的宣传手段。为一改过去产品商标不引人注意、不便认读的状况，公司的设计者们扩大了娃哈哈的文字和图形，使之占据包装的大部分面积，醒目突出，让消费者在购买和饮用商品时，首先认准商标，强化其对娃哈哈的印象。久而久之，娃哈哈在消费者心目中便自然取代了“儿童营养液”，甚至成为这类商品的代名词。

1. 企业物质文化的内容

企业物质文化也叫企业文化的物质层，是指由职工创造的产品和各种物质设施等构成的器物文化，是一种以物质形态为主要研究对象的表层企业文化。相对核心层而言，它是容易看见、容易改变的，是核心价值观的外在体现。优秀的组织文化是通过重视产品的开发、服务的质量、产品的信誉和组织生产环境、生活环境、文化设施等物质现象来体现的。

企业物质文化就是以物质形态为载体，以看得见摸得着体会得到的物质形态来反映出企业的精神面貌。如金色拱门标志的麦当劳，以其标准化的生态作为其物质的核心内容。主要包括两个方面的内容。

（1）企业生产的产品和提供的服务。企业生产的产品和提供的服务是企业生产经营的成果，是企业物质文化的首要内容。

（2）企业的工作环境和生活环境。企业创造的生产环境、企业建筑、企业广告、产品包装与产品设计等，都是企业物质文化的主要内容。

2. 企业物质文化创新

企业物质文化创新的重点在于两个方面，即“人化”和“化人”。人化，是指物质是人通过对自然界的改造产生的，物质是人类文化进步的结果。同时，文化是人创造的，是人类改造自然的结果。化人，是指一种文化一旦形成，就会对身处其中的人类产生一种约束和导向作用，使人对这一类的文化产生一种依附感和归属感。

由此进一步延伸，我们可以总结出企业物质文化创新的内容。

（1）企业的建筑物及其内部规划、建设与管理风格的创新。作为一种物质的存在，企业的各种建筑物对企业成员的影响很大，比如，在一个破旧不堪的厂房工作和在一间高档写字楼里工作，人的感受是明显不同的。此外，车间或者宿舍的管理水平如何，对员工行为养成的影响也很大，比如，在一家老板是军人出身的私营企业，员工的宿舍管理就像一座兵营，等等。

（2）作为历史遗存的企业建筑物风格的创新。这一方面的内容虽然也属于企业建筑物，但这里所指的不是现代的建筑物，而是有久远历史的建筑，比如，天津达仁堂的厂区里，就保留了企业早年的建筑，看到这样的建筑，会让人对企业产生一种肃然起敬之感。

（3）企业的产品、服务及其展示方式与过程方面的创新。作为生产型企业来说，主要的物质文化建设方式就是企业产品形象的设计、展示以及顾客对其感知。而作为服务型企业来说，经营场所、服务用具等的设计及其管理，以及服务员工的服饰等，都是物质文化建设的重要因素。

（4）承载企业历史的博物馆、展示馆等设施的设计和建造创新。一些有历史积淀的企业，为了弘扬企业文化和企业精神，强化外部宣传，设计和建造以系列展示为主的企业博物馆或者展示馆（厅），展示企业发展的悠久历史和深厚文化积淀。

对于创新物质文化，必须注意以理念文化为指导，对各种物质文化进行系统梳理和排查，彻底消除、调整和改进，最终实现物质文化与理念文化相吻合。

第六章
走出企业文化建设的误区

企业文化是当前企业最关注的话题之一，但很多企业文化又有落入俗套之嫌，因为在企业文化建设中存在很多误区。走出企业文化建设的误区，需要正确认识企业文化建设，明确其目的性，建立行之有效的管理机制，运用系统管理整合企业内部形象，充分发挥企业礼仪文化效用，通过价值观管理把握企业未来方向。只有这样，才能使企业获得健康、有序的长足发展。

认识偏差导致企业文化建设混乱和低效

企业界人士对企业文化的概念、基本价值、属性等，还存在认识上的偏差和逻辑上的混乱。如果在这些基本问题上都出现偏差，那企业文化的实践将注定是混乱和低效的，因此有必要剖析其中的误区。

1. 错把企业的文化当成企业文化，轻视后天的有意识的科学建设

有人认为企业文化是与生俱来的，“有了企业那一天，企业文化就随之存在”，就像文化伴随人类社会发展而发展一样。这种观点之下可以推演出三组命题：其一，企业文化即组织的性格像人的性格一样，无所谓好，也无所谓坏；其二，企业与生俱来的文化属性不易改变，也不应该改变；其三，企业文化不用有意识地进行建设。这三组命题直接触及了企业文化的三大基本问题：什么是企业文化？企业文化的根本属性是什么？企业文化的价值判断是什么？按照这种理解，企业文化可以模糊价值判断，无须建设，只需整理。

事实上，企业与生俱来的是企业的文化，它是企业文化建设与管理的基础和改革对象。企业文化不等同于企业的文化，真正的企业文化是对企业的文化的反思和革新，它必须通过有意识地建设具有先进性的、能促进企业和员工共同发展的企业的文化，它要根除那些阻碍发展的、属于腐朽的、反科学的、伤害人的企业的文化，以适应社会要求和市场竞争的需要。总之，作为专门概念的企业文化，同时也是

实践迫切需要的企业文化，不同于自然生成的企业文化，而是企业优秀文化的集成，是对经验的超越，是引领企业进步的先进文化体系。

2. 将企业文化“虚化”，降低企业文化效用

谈到企业文化时，常会提及它的“虚”，仿佛这就是它的一个基本属性。具体有两种说法：一种认为企业文化功效作用虚，空洞的口号，只花钱不挣钱，绩效上反映不出来，做不“实”；另一种认为企业文化表现形式虚，理念、价值观等弥漫企业，却看不见、摸不着，感觉上“虚”。这两种说法背后至少涉及这样三组问题：企业文化的效用是什么？虚与实的认识论？企业文化怎样落到实处？

企业文化追求的是以社会文明、人文道德和人生价值观作为行为动力和行为准则与目的，驱动可持续发展的经济运行系统，并在经济成果的形成中同时提升人文与道德的水平及质量。它并不排斥经济利润目标，相反，却是促进经济目标和经济目的同时实现和持续发展的。经济目标的实现是企业文化力的一个证明，更是企业文化发展的一个重要支撑，两者互相补充。当然，经济利润只是企业文化的目标之一，既不是唯一目标也不是终极目标。

如果强调理念可以理解为“虚”，落实为具体措施可以理解为“实”，那么“虚与实”都是需要的，理念是先导，行为是表现，没有正确的理念就不可能有正确的行动，只有正确的理念而无有力的行动，也不会有预期的结果达成，它们也必须结合。两者相互依存，单纯的理念不能成为完整的企业文化系统，同样，单纯的行动也不可能构成企业文化的全部，单独强调任何一方面都会破坏企业文化的系统性。

企业文化的落实是指在科学理论的指导下，通过管理思想的发展

与创新，确立具有自己企业特性的、符合人性发展规律和企业运作规律的价值理念，并把这种理念转化为具体的工作行为和管理措施，这种实践的结果可以验证，并用来反映所倡导的价值理念。

事实上，企业文化本身并不虚，只是实践中某些人把它做虚了。从整体角度讲，如果不断强调理念而没有相应的具体措施，那就是虚的；如果不仅有理念，还落实为相应的具体措施，追求结果和提高，那就是实的。从个体角度讲，将人的意志、行为和结果统一起来，并用优化了的人的行为与结果来证明，企业文化才会落实。

3. 错摆领导在企业文化实践中的位置

一谈及企业文化，很多人都会提到“领导文化”“某某企业的企业文化就是某某领导人的文化”，认为企业文化调研的关键要集中在领导身上，搞清楚领导是怎么想的。这一现象背后涉及两个主要的问题：一是领导在企业文化的建设与管理中起到的作用，二是企业文化的本质属性。

企业文化建设与管理首先是领导人的责任，他承担着启动、整合和提升的职责，领导人在企业文化发展中的这种作用和地位已得到广泛认同。一个企业的企业文化，通常首先由企业领导人提出和启动，并使建设成果逐渐成为组织中主流共识的价值体系和行为体系，即使企业文化已经进入制度化运行阶段，企业的领导人依然是制度中最重要的示范者、维护者和创新者。

企业文化，本质上是企业中众人的文明，要得到企业成员最广泛、最真心的认同和拥护。这一属性决定了企业文化不可能被部分成员的文化所取代，哪怕是强势的领导文化。企业文化必须通过整合企业所有成员的根本利益与个人文化来实现。

如果一个领导人仅仅要求别人诵读自己所总结的信条，而且这些信条又不能够帮助企业和众人发展时，那么，这样的文化就只是领导的文化，并不会成为大家的文化，即真正的企业文化。如果只是用领导文化给下属洗脑，领导本人却凌驾于企业文化之上，那此种企业文化就会缺少员工的积极支持，将注定沦为独裁文化，最终走向衰败。

事实上，企业文化应是一个企业全部或大多数成员所共有的信念和期望的模式。领导人的文化素养、对企业文化建设的认知度，对企业核心文化的构架起着重要作用，但企业文化不等同于“企业家文化”，应该让全体员工参与企业文化建设，因为员工才是主体。只有把企业领导人的战略思考、主导作用与广大员工参与的基础、主体作用相结合，才能真正创造出有生命的企业文化，才能真正使企业文化成为领导人和员工共有的精神家园。

企业文化建设动机不纯背后的深刻原因

企业文化建设的动机和目的会对企业文化实践产生方向性的影响。有的企业把建设企业文化的目标定位在塑造员工，包括按领导者和组织的意图改变员工的观念、习惯和行为方式等；有的企业文化建设存在“文化理想”现象，其设立的文化建设目标已超出企业自身的承载范围，大而空，缺乏脚踏实地的定位。动机不纯和目的不明的误区，这背后隐藏着深刻的原因。

1. 动机不纯，披着企业文化的“外衣”，行管理控制之实

有关机构在目的调查后总结发现，高居首位的是增强凝聚力，达到86.1%。现实中，凝聚力问题的确是经营者的一块心病，特别在一些传统的旨在增强凝聚力的管理方式逐渐失效时，建设企业文化已成为重要的备选方案。

此种初衷无可厚非，可是实践中经营者的认知模式却出现了一定偏差。有些人试图通过企业文化来控制员工的思想，进而控制员工的行为，提升管理控制的效果，实现凝聚力的增强。在这种认知模式下，企业文化更准确的表达则是制度硬控制效果不佳时的替代品。

那么企业文化真的就等同于管理控制吗？答案是否定的。作为新管理文明定位下的企业文化，它是以承认人的主体性为前提的。企业文化试图控制人，企业文化成为新的控制形式，那么，企业文化就是在自相矛盾，就将失去文明精髓，就不会拥有顺应人性所产生的巨大力量，就超越不了传统管理模式。

2. 搞面子工程，本末倒置，不得人心

搞面子工程，究其原因，与企业文化既有形象设计的功能，又被公众认同为是一种现代管理的时尚元素有关。因此，在企业形象意识普遍增强的大背景下，通过企业文化提升企业形象的做法自然受到青睐。

优秀的企业文化有助于提升企业形象，但若以提升企业形象作为企业文化建设的主要目的，则是本末倒置。单纯为了企业形象而进行企业文化实践，常常只重形式而轻视内涵，追求形式统一而忽略心理认同，这不利于激发组织成员的主体性，无法赢得其真心的认同和参与，这样不但企业文化会沦为企业形象的建设工具，企业形象也很可

能因为无法得到成员的广泛认同而受到损害。

3. 一知半解，投机建设

在一些企业成功实践的感召下，有些想提升管理水平的企业经营者，抱着搞企业文化可以“强身健体，有益无害”的“保健”动机，用文化来为企业“保健”。经营者对企业文化的诉求点较为泛化的局面就与这种情况相关。由于针对性不强，对企业文化又一知半解，因此这种情况的实施效果常差强人意。这又反过来影响到经营者对企业文化的认知：效果好了可能对企业文化奉若神明，认为企业文化是灵丹妙药；然而更多的是效果不好，这时他们则常常倒向“无用论”的阵营。

企业文化绝不是医治百病的一剂猛药，抱着投机的心理，一心想搞一下企业文化就能提升管理和业绩，就能“有病去病，无病强身”，这本身就是对企业文化的扭曲。

企业文化作为经济和文化有机结合的产物，应是企业所要达到的目标与实现目标手段的统一体，它只有与企业管理的各项工作有效结合，有针对性地融入到企业经营管理体系中，促进各项工作提升，才可能显现出强大功效。企业文化可以通过文化氛围和对人的影响，在促进员工发展的同时也应塑造企业自身，实现相互作用、相互促进。

企业文化建设与管理机制和方式的误区

我国企业文化建设实践尚处于初级阶段。现有阶段下，我国企业正以其特有的逻辑与管理伴随着矛盾与挫折建设企业文化。

1. 名义上的“一把手工程”，缺乏专职领导负实责，工作地位次要

作为一项事关企业全局的富有战略意义的工程，企业文化建设与管理自然要由领导们牵头、挂帅，成为名副其实的“一把手工程”。有关数据也证实了这一点：企业文化建设的负责人中，21.8%是董事长，27.8%是总经理，27.6%是党委书记。

领导重视是好事，说明会有支持力度。可为什么一些负责执行企业文化建设的中层常抱怨缺乏领导支持，实践效果不尽如人意呢？答案是明显的，企业文化工作，一把手确实亲自抓，但是在他们手里，这项工作的位次靠后。于是，企业文化建设工作就成了一项说起来重要，干起来次要，忙起来不重要的工作。

缺少了领导的有力支持，本来就容易被人“虚化”的企业文化，如何在企业内扎根生长呢？更何谈要克服重重困难，渗透到每项工作、每个人之中去发挥作用呢？

2. 洗脑不可取，治标不治本

在一些“成功”案例中可以发现：稍微有点凝聚力的企业文化往往是“洗脑”的结果，还有一些甚至是在搞“军事化”控制。于是有人说，企业文化建设的根本在于洗脑，采用的机制就是灌输。

这种模式属于管理控制型，具有典型的单向式、外压式的特点。它倡导集体对个体的文化压力，主张企业对员工进行灌输和洗脑等外压手段，不看重对员工主体性的激发和导引。

客观地讲，这种模式在一些企业个案中所取得的成功是有其必然性的。社会转型，很需要企业来填补员工头脑中的真空，去教会员工

为人做事的道理和方法。洗脑在一定程度上可以做到这一点，而且它减少员工接触其他文化的机会，没有时间“无事生非”，即使有了个别想法也要屈从于群体压力。经过洗脑的队伍，短时期内可以做到“统一思想，统一行动”，有战斗力，在竞争中赢得市场，取得“成功”。

可问题的关键是，洗脑如果就是为了泯灭个性，就是为了制造集体文化压力，就是为了用文化解决工作问题，那么短时间还可以，时间若是长了，员工必然会反抗那些压抑人性发展的事物，哪怕它是以企业文化的名义写在手册里的律条。洗脑只是权宜之计，只在特定的阶段才能看到成效，员工依靠人性的力量对洗脑的免疫能力会不断增强。

当然，洗脑可以给予企业文化建设与管理良多的启示：企业要利用多种媒介，释放多类信息，开展全方位的活动，去影响员工的意识，完善其行为。但是，保持持久活力的企业文化，需要挖掘适合员工不断进步和企业共同发展的内容，将这些内容通过适当的渠道和方式让大家受益。

3. 机械地割裂和简单地融合其他方面的工作

现实中，企业文化工作常以项目化和部门化的形式来运作，这就会涉及处理与其他已有工作、已有部门的关系问题。无论是独立分开，还是进行整合，若处理不当，就会造成消极影响。实践中，存在一些比较典型的整合不当所带来的误区，对企业文化建设工作造成了不良影响。

（1）企业文化简单地形象化。企业形象的功效在于能提升企业形象，其内容与企业文化有一部分交叉。企业文化的重点在内涵，企业形象则侧重于形式。合理地整合这两部分工作，可以起到相互支持的作用。但现实中由于功利性和费用方面的因素，一部分企业却借企业文化之名，行企业形象之实，将企业文化简单地形象化，这最终将使企业文化流于形式。这种形象化的企业文化并不能帮助组织成员真正的发展，因此它不是真正意义上的企业文化。

（2）认为企业文化建设很轻松。掌握不到企业文化真谛的一些企业，在搞活动、办报纸、进行文娱工作之后，就认为是在建设企业文化了。事实上，企业文化不能变成文化企业。企业文化有时候并没有那么轻松，它要对人思想的成长负责，但它也确实存在着借助活泼的文娱形式，帮助大家理解、提升的必要性。从这一点上说，两者的确存在着合作的可能，但绝不能等同。

（3）割裂企业文化与经营管理。一些企业在建设企业文化时，很多工作都冠以企业文化的旗号；另有一些企业，认为企业文化与经营管理工作截然分开。实际上，企业的各项工作都涉及与企业文化工作相结合的问题。企业文化如果与企业其他方面的工作割裂开来，那么培育出来的企业文化不仅会缺乏生命力，而且也是对企业文化本质的否定，无法体现自身的优越性。

在这一整合的进程中，企业文化与其他经营管理工作不是替代的关系，而是要渗透到各项工作的各环节中，使之优化，从而提升整体效率，这是一种互补的关系。当然，这种整合并不意味着企业文化工作失去自己的特性，恰恰是通过与各项工作，特别是与经营管理工作的有机整合来体现企业文化的特性。

4. 吝啬投入，简单复制，使企业文化成为了“四不像”

借鉴其他企业的企业文化成果，是进行企业文化建设与管理的重要途径。因为即便是不同体制、类型、发展阶段的企业，也会有很多共同点，它们可以成为各自企业文化发展的基石。

但是一些企业为了节省投入，无视企业文化自身的发展规律，忽视企业差别，简单地照搬其他企业的企业文化模式，结果只能以失败告终。特别是那种只照搬一些文字、活动的复制模式，是生长不出带有自身特色的企业文化的，难以发挥企业文化内生过程中所应有的功效。当企业凝聚力逐渐散失，员工对原有的企业文化没有了认同感。在这种情况下，企业应该从自身现实的特点出发，重造独具特色的、富有创新意义的企业文化。

真正让核心员工忠于企业的，不是金钱，也不是升迁，而是认同。道理很简单：人们对金钱与升迁的欲望是无限的，而任何一家企业的文化都是独一无二、无法模仿的。员工认同了企业文化，就很难再真正接受另一种企业文化。认同的本质又是价值观相融，价值观决定“本性”。唯有建立在价值观认同基础上的忠诚，才是持续且难以改变的，才是一种发自内心的精神追随，也才能增强凝聚人心的力量。

文化管理系统效力不佳，岗位形同虚设

文化管理就是从文化的高度来管理企业，以文化为基础，强调人的能动作用，强调团队精神和情感管理，管理的重点在于人的思想和观念。企业文化管理的原理，是通过一系列针对企业文化管理建设各个部分的管理活动，使企业在所有方面形成并保持一致性。

在现实生活中，很多企业由于企业文化管理系统效力不佳，导致

企业文化主管岗位形同虚设，这种现象是比较普遍的。企业文化管理工作该怎么做？大连船舶重工集团有限公司（简称“大船集团”）为我们做出了榜样。

大船集团隶属中国船舶重工集团公司，始建于1898年6月。大船集团的企业文化建设历史悠久，企业文化理念体系不断根据各个阶段的不同情况进行创新和调整，形成了目前较为完善的企业文化体系：创新理念体系，统一核心理念；创新领导体制，健全组织机构；创新教育方法，推进全员认同；创新工作思路，重塑集团形象；创新军工文化，营造保军氛围；创新工作思路，制定文化纲要；创新培育方式，拓展文化延伸；创新科学发展，构建和谐企业。

大船集团企业文化涵盖了五大核心理念，包括核心价值观、发展宗旨、发展目标、团队精神、经营方针，多项子文化理念，包括质量方针、安全方针、廉洁理念、创新文化理念、军工文化专项工程精神，同时还启动了节约文化理念征集工作。这种清晰有效的企业文化管理工作可以说是一种创建。

其实，无论怎样扩大企业文化的外延，技能、政策、福利、政策这些支持工作都不是本质意义上的企业文化工作，因为它们不属于企业文化管理的内涵。企业文化具有独特性、继承性、融合性、人本性、整体性和创新性特征，因此，企业文化管理工作首先要在了解企业文化内涵的前提下明确部门职责。

1. 企业文化主管部门职责

企业文化主管部门的职责是研究现代成功企业的文化特点，发掘、提炼本企业文化中的积极元素，从理念、制度和行为三个层次，塑造企业文化的新形象（见表6－1）。

表6－1　企业文化主管部门的岗位职责

岗位职责	程　度
按重要顺序依次列出每项职责及其目标	部分
负责建立企业文化体系，制定相关制度与计划并实施，研究、发掘、提炼集团文化中的积极元素	全责
宣传企业文化的核心价值取向，组织设计制作各类企业文化宣传品，并根据不同发展阶段进行补充、修订	全责
负责内部刊物、板报和公司网站的文字编辑及版式设计，建立有效、畅通的内部沟通渠道，建立与相关职能部门与媒体的良好关系	全责
负责公司重要会议、活动等声像资料的拍摄工作，负责公司图文声像资料的维护管理工作	全责
负责组织公司视觉识别系统（VIS）、行为识别系统（BIS）的设计和实施	全责
进行企业文化调查，开展知识竞赛、辩论、征文比赛等形式的活动，营造丰富多彩的企业文化环境	全责
根据营销方案协助营销推广活动执行，做好媒体接洽、营销合同洽谈、会签、移交、验收付款等工作	部分
负责建立和运行公司网络办公、邮箱、信息填报等系统，对各单位、部门信息人员进行技术培训与指导	部分

2. 明确企业文化管理各个子系统的内容和要求

在了解部门职责的基础上，要设定企业文化管理各个子系统。企业文化管理系统由四个层面的子系统构成，它们是：企业文化核心层构建管理、企业文化理论层构建管理、企业文化实体层构建管理和企业文化表象层构建管理（见表6－2）。

表 6-2　企业文化管理系统

系统层面	基本内容	基本要求
核心层	对企业文化的目标模式进行选择；据此由下而上的整理归纳企业价值观念并以文字的形式订正；让企业全体员工在沟通交流讨论中领会认同企业的价值观念体系；对于价值观念的关键内涵要求，自主设计导演典型事件，以使之能深入人心	企业文化核心层构建管理子系统应该符合全面性、协调性、实用性、明确性、科学性、先进性和参与性的要求
理论层	以伦理哲学的理论和科学技术分析论证企业价值观念所涉及的人与人之间的关系并予以归纳界定；编写论证解说企业价值观念的理论宣传提纲；组织企业价值观的理论宣讲会，使员工接受企业价值观念及其理论	企业文化理论层构建管理子系统应该符合严密性、科学性、大众化、全面性和系统性的要求
实体层	选择规章制度、伦理道德、生产方式、风俗习惯4个不同的企业文化实体层构成要素展现，以便付诸实施；拟定企业规章制度文本草案并组织诱导性的讨论；拟定伦理道德宣传提纲，以变为一种自觉遵守的软约束；定期对实体层的四个要素进行检查清理，保证企业价值观念最终都能体现到企业员工的行为活动上	企业文化实体层构建管理子系统应该符合全面性、差别性、适应性、参与性、引导性、责任性、明确性、规划性、发展性、稳定性和启发性的要求
表象层	全面分析核心层、理论层和实体层的内容，分别对应找到适合自己企业实际的艺术形象化的表现方式；通过故事、小说、散文、绘画、舞蹈、标牌、厂徽、厂歌等多种形式，将其具体化为人们喜闻乐见的形象艺术方式，让人们潜移默化地接受核心层、理论层和实体层的内涵和要求	企业文化表象层构建管理子系统应该符合目的性、大众化、广泛性、典型性、现实性、经济性、制度性和榜样性的要求

3. 企业文化管理工作该怎么做

在实操过程中，企业文化主管部门需要全面、扎实地研究企业文化和公司的现状，充分发挥企业文化的导向作用，让企业文化在矛盾中前进，在碰撞中提高，这样就能使企业文化管理系统产生应有的效力，企业文化主管部门的岗位才能不枉担虚名，不再是摆设。

（1）企业文化宣讲的形式一定要循序渐进。针对不同对象运用不同的宣讲方式，如果是新员工哪怕是我们对照企业文化手册照本宣科，只要我们突出重点，效果也会不错。针对在公司工作时间较长的员工，进行的文化培训的侧重点也要有所不同，主要是对照公司的文化标准，如企业哲学、核心价值观、企业基本法等，在一起讨论公司当前发生的事情与现象，在争论中对符合文化导向的进行表扬，对与文化导向背道而驰的进行批判，保证员工的思想保持相对的一致性，这样企业工作就一定会有一个较好的文化导向和文化氛围。

（2）树立企业文化的标杆。公司的老员工永远是新员工学习的榜样，公司在各个行业的标兵也会是员工不断学习的榜样，标杆定律不容忽视，特别是在员工思想比较混乱的时候。如对那些能够践行企业文化精神的员工进行提拔或给予特别的待遇等，只要我们做好各个层面的标杆工作，就一定能够树立起一个良好的激励型导向的文化氛围。

（3）企业文化的核心部分必须在时空上全面有序表现。公司的愿景、使命、核心价值观及人才观、工作观、服务观等核心部分必须在公司的各个场所、各个时间段、各个工作重点中都能得到良好的表现。企业文化的工作必须有分解到各部门的工作计划，将文化工作提高到相当的高度，用文化来引导工作，在工作中体现文化；必须针对每个人、每个人群、每个部门、每个团体，针对不同对象设计不同的考核量表与工作行为评价表，每个月、半年、年度都必须进行考核，各单位的文化工作的不同完成度直接决定本单位的工作绩效层次。

（4）一定要有一个员工信息交流的载体。企业文化就是要解决问题，所以我们必须要能够掌握员工的思想动态，知道他们究竟想要什么？但有些单位采取的措施就是由各个部门指定一个人定期进行书面汇报本部门的员工思想状态，往往都流于形式。做得好一点的就是设立意见箱、内部刊物、员工论坛、沟通会、座谈会、总经理见面会等。其实信息交流载体一方面要有信息来源的渠道，另一方面必须要有由员工信息处理、反馈的渠道所形成的一个信息流的闭环，这样才能让信息在互动中提升公司的文化境界。

（5）必须将核心价值观转化为员工的共同行为标准。核心价值观是纯粹的思想性的东西，因此需要细化到企业的工作行为中去，将价值观转化为员工个人行动准则和公司员工共同的行为标准。我们必须给他一个具体的行为标准，如文员的岗位文化工作之开放的标准就是：接听电话要如何，接待客人应注意哪些，工作中一定要使用普通话，对同事的不同意见应持有何种态度等，让任何一个人来到此岗位都一目了然，并且在工作中这样做，企业的文化工作就一定能体现公司的核心价值观，对外有一个统一的形象。

（6）企业文化必须由负责人力资源管理的部门全面负责。企业文化的主要工作是通过人力资源的途径来实现的，因此要有效地开展企业文化工作，必须将人力资源管理与企业文化两项工作有机地结合起来，最好是由人力资源部门来全面负责、统筹协调公司的人力资源管理与企业文化，让企业文化真正做到员工的心坎上，让员工在企业文化建设中成长。

（7）公司组织的每一个活动都必须要有企业文化的主题。如组织讨论公司核心价值观的演讲、组织讨论公司哲学的学习与讨论、组织员工针对公司的生产经营实际进行以沟通技巧为主题的征文比赛等，都能在活动中弘扬公司的文化，让文化在润物细无声中成为我们的工作习惯。

(8) 必须树立起公司良好的社会形象。一个良好的社会形象就是一个企业文化建设的最好表现，这主要来源于企业为社会创造的价值，企业履行的社会义务以及对客户、合作伙伴、公司员工对公司良好的口碑评价与推介，都必须具有相当的重视与行动。

只重企业外在形象，忽视内部形象整合

企业形象是指人们通过企业的各种标志而建立起来的对企业的总体印象，是企业文化建设的核心。企业形象由产品形象、媒介形象、组织形象、标识形象、人员形象、文化形象、环境形象和社区形象构成（见表6－3）。

表6－3　企业形象的组成要素

企业形象	组成要素
产品形象	质量、款式、包装、商标和服务
组织形象	体制、制度、方针、政策、程序、流程、效率、效益、信用、承诺、服务、保障、规模和实力
人员形象	领导层、管理群和员工
文化形象	历史传统、价值观念、企业精神、英雄人物、群体风格、职业道德、言行规范和公司礼仪
环境形象	企业门面、建筑物、标志物、布局装修、展示系统和环保绿化
社区形象	社区关系及公众舆论

由于企业形象是社会对企业的整体评价，决定了消费者对企业产品的消费行为，因此，有的企业常常只注重企业外在形象而忽视内部管理，其实这是形式主义的表现。

有一家IT公司，有一天，使用这家公司产品的一个生产型企业的车间的机器出现了故障，就打电话请IT公司派两个人来帮他们检测一下、修理一下，IT公司就派人到厂子里面去。由于这家IT公司要求统一着装，认为这是树立自身形象的方式之一，因此检修人员去的时候穿得很正规，西装革履，很干净。可到了车间他发现人们穿的都是工作服，所以显得格格不入。车间工人也觉得检修人员不是做这个工作的人，很可能不够专业。

相比之下，海尔的安装工人属于客户服务人员，这些人有一种统一的着装，一般都是浅蓝色的，背后印有海尔的标志，戴一顶棒球帽。这是海尔定位的一种形象。这种形象是很适合的，因为他是去别人家里安装空调，安装电器。

作为客户，很希望为他服务的是很专业的工人，要求穿着看起来也是很职业化的一种感觉。假如海尔对员工的服装没有要求，随便穿，客户就会感觉他不是正规军，说不定从哪儿拉过来的人，临时过来给你安装。

由此可见，在树立企业形象方面，重在打造企业内部形象，只有做好“内功”，外在形象才能真正树立起来。

1. 企业形象的内在精神和外观形象

企业要在社会公众中树立良好的形象，首先要靠自己的“内功”，即为社会提供优良的产品和服务；其次，还要靠企业的真实传播，即通过各种宣传手段向公众介绍、宣传自己，让公众了解熟知、加深印象。公共关系树立企业形象的任务，主要体现在企业的内在精神和外观形象两个方面。

内在精神指的是企业的精神风貌、气质，是企业文化的一种综合表现，它是构成企业形象的脊柱和骨架（见表6－4）。

表6－4　　企业形象的内在精神

内在精神	含　义
开拓创新精神	这是每个企业都应具备的，而且是非常重要的。也就是说，每个企业都应适应市场经济的需要，勇于探索、勇于创新，即要随着社会的发展、环境的变化、活动的需要和不同的公众对象，不断地对公共关系活动的内容和形式进行补充、完善和创新，使之更为丰富，更具特色，更有吸引力。这就要求公共关系人员（尤其是高层负责人）具有敏锐的洞察力，积极的求异思维，丰富的想象力和良好的知识结构，以及良好的心理素质，无畏的探索精神和活跃的灵感，等等
积极的社会观和价值观	企业应具有自己的社会哲学观，不仅要在营销活动中树立一个良好的公民形象，同时还要关心社会问题，关心社会的公益事业，使企业在自身发展的同时也造福于民众和社会。现代企业不但要从事生产经营活动，获取盈利，还需要承担一定的社会责任和社会义务，以表明企业是社会大家庭的一员，要为社会的发展贡献自己的一份力量。这样做，不但有利于社会的进步与繁荣，还能为企业赢得社会公众的普遍好感。因此，企业在开展外部公共关系工作时，应当把搞好社会公益活动，为社会提供更多服务作为重要内容
诚实、公正的态度	企业应遵纪守法，买卖公平，服务周到。这种诚实的、正派的竞争态度和经营作风是企业形象的根基所在

企业形象的树立主要是靠其内在精神素质的显现，同时也得力于公共关系的精心设计。这就要求公关人员善于运用一些便于传播、便于记忆的象征性标记，使人们容易在众多的事物中辨认，以此来加深

外部公众对企业的印象（见表6－5）。

表6－5　企业形象的外观形象

外观形象	含　义
企业名称	企业有意识地将产品牌号与企业名称统一起来，既提高了产品的信誉，同时也相应地加深了人们对该企业的印象
企业广告	这是一种诉求手段，一切应以加深公众印象为主，它要调动一切因素来影响公众对企业所发出信息的主观选择意向。它要求广告的特色与企业的特色和形象相映协调，而且要适当在某个基调上加以重复，并不断变化内容与形式，以求信息的新鲜感，但同时又不离开一个固定的主题
企业标志	它是现代设计的一部分，包括商标和组织的徽标。由于它具有容易识别、记忆、欣赏和制作的特点，因而在保证信誉，树立形象，加强交流方面起到重要的作用。是企业无形的财产，其价值是不可估算的
代表颜色	一个企业可以选择某种固定色调，用于企业与外界交流的各个方面，如办公室、店铺、包装系统、广告、工作服装等，形成本企业特有的一种风格，从而在心理上加深公众的感知印象
环境设施	这点在商业企业显得尤为重要。商业企业舒适优美的环境布置、先进的营业设施能在生理上和心理上影响顾客和员工本身，进而直接影响到营业效果

总之，企业形象的内容是全面的，它不仅是企业产品的形象，而且是企业总体文化的表现，涉及的因素比较多。因而作为形象设计的公共关系部门，应充分考虑企业自身的特点，以及公众的心理需求、兴趣和习惯，进行科学的规划和设计，以确保企业形象既完美，同时又与众不同、独具一格。

2. 有效整合企业内部形象

考察一个公司的企业形象，通过洞察其内部的文化系统概貌和整体水平，就可以评估它在市场竞争中的真正实力。一个企业良好的形象主要表现在企业的环境形象、产品形象、领导和员工形象方面，因此，对企业内部形象的有效整合应该从以下几个方面着眼。

（1）科学的企业理念，这是塑造良好企业形象的灵魂。当前，企业理念已成为知名企业最深入人心的概念，已在悄悄地引起一场企业经营管理观念的革命。在这种情况下，许多企业都制定了本企业的口号，反映企业的理念，显示企业的目标、使命、经营观念和行动准则，并通过口号鼓励全体员工树立企业良好形象。海尔集团“日事日毕、日清日高”和“有缺陷的产品就是废品”、三洋制冷有限公司“创造无止境的改善”等，都说明了精神理念在企业中的重要性。

实践证明，培育和弘扬企业精神，是塑造企业良好形象的一种很有效的形式，对企业的发展能起到不可低估的作用。当然，培育企业精神不能单一化，要与现代企业制度建设、企业的经营管理目标、过细的思想政治工作结合起来，使其成为企业发展的精神动力。

（2）优美的环境形象，这是塑造良好企业形象的外在表现。企业环境代表着企业领导和企业职工的文化素质，标志着现代企业经营管理水平，影响着企业的社会形象。

首先，企业环境是企业文化最基本的反映。如果说企业是职工赖以劳动和生活的地方，那么，就要有一个适合职工劳动和生活的保障设施，使职工能够合理地、安全地、文明地进行劳动和生活。

其次，建设优美的企业环境，营造富有情意的工作氛围是塑造企业形象的重要组成部分。企业的厂区、生活区、办公设施、生产车间、产品、现场管理、生产服务等都是企业形象的窗口。因此，每个企业要精心设计厂区的布局，严格管理厂区的环境和秩序，不断提高企业的净化、绿化、美化水平，努力创造优美高雅的企业文化环境，寓管理于企业文化建设之中，陶冶职工情操，提高企业的社会知名度，为企业增光添彩。

（3）优质的产品形象，这是塑造良好企业形象的首要任务。产品形象是企业形象的综合体现和缩影。在现代企业制度中，企业自己掌握自己的命运，自谋生存，自求发展。而生存发展的出路，则往往取决于企业的产品所带来的社会效益的好坏。

首先，企业要提供优质产品形象，就要把质量视为企业的生命。产品的好坏不仅是经济问题，而且是关系到企业声誉、社会发展进步的政治问题，是企业文化最直接的反映。抓好产品形象这个重点，就能带动其他形象的同步提高。要把抓产品形象渗透到质量管理体系当中去，在干部职工中形成人人重视质量，个个严把质量关的良好风气。

其次，要在竞争中求生存，创名牌，增强企业的知名度，创造出企业的最佳效益。在市场经济中，随着统一、开放、竞争、有序的全国大市场的逐步形成，企业必须自觉地扩大自己的知名度，强化市场竞争，多出精品，使产品在市场中形成自身的文化优势。

同时，要加强产品的对外宣传，富于个性的宣传是塑造企业形象的重要手段。辽宁省食品集团公司提出“一切为了美味、营养和健康”，作为公司的定语，是对企业特性产品的高度概括，又具有很好的引申和升华。

（4）清正的领导形象，这是塑造良好企业形象的关键。企业领导在企业中的主导作用和自身示范能力是领导形象的具体体现，也是塑造良好企业形象的关键。

首先，企业领导的作风，是企业形象的重要标志。有什么样的领导者，就有什么样的企业文化和企业形象。因此，企业领导干部要不断提高自身素质，既要成为真抓实干，精通业务与技术、善于经营、勇于创新的管理者，也要成为廉洁奉公、严于律己、具有献身精神的带头人。

其次，要提高企业领导对企业文化的认识程度，成为企业文化建设的明白人。企业领导要将自己塑造成具有高品位的文化素养和现代管理观念的企业家，适应市场经济的需要，使企业在竞争中立于不败之地；要把握好企业文化的方向和基本原则，在学习、借鉴优秀企业经验的基础上，拓宽视野、不断创新。

（5）敬业的职工形象，这是塑造良好企业形象的重要基础。职工的整体形象是企业内在素质的具体表现，把培养有理想、有道德、有文化、有纪律的“四有”新人作为企业文化建设的重要内容：培养职工干一行、爱一行、钻一行、精一行的爱岗敬业精神；树立尊重知识、尊重人才的观念；创造一种有利于各类人才脱颖而出的环境和平等、团结、和谐、互助的人际关系，从而增强企业的凝聚力、向心力，以职工良好的精神风貌，赢得企业良好的社会形象和声誉。

企业要不失时机地采用岗位练兵、技术竞赛、脱产轮训和党校、政校学习等形式，从政治、技术、业务上培训职工，进一步健全以基础教育、技术等级教育、学历教育为主要内容的全员培训网络和考核管理办法。同时，要开展各种有益于职工身心健康的娱乐活动，达到寓教于乐的目的，努力造就一支适应市场经济需要的思想好、纪律严、业务强、作风硬的职工队伍。

看似一团和气，实则礼仪文化效用不佳

礼仪在企业文化建设中，对规范企业员工的群体意识和行为准

则，对调动一切积极因素，都有重要的推动作用。但有的企业在人际交往中，常常只讲一团和气而不讲原则，只讲亲睦关系而不顾制度纲纪，这是与礼仪本身的内涵背道而驰的，实际上反映了企业文化效用不佳。

企业礼仪文化是企业文化建设的重要组成部分。企业文化是生产力，优秀企业文化就是先进生产力已成为普遍共识。后危机时代更高水平、更高层次、更加激烈的市场竞争成为广大企业的共同追求，加强企业文化建设、提升文化沟通及融合能力是企业应对危机损失的一项重要措施。

1. 企业礼仪文化的内涵

在我国五千年的文明史中，礼仪渗透于社会生活的方方面面，积淀为民族的行为习惯，成为维系血缘纽带、协调人际关系、维护社会秩序的重要手段。企业礼仪是企业进行的各种例行活动，如待人接物的礼节、庆典、处理公共关系的方式、信息沟通等。企业礼仪文化是企业员工关于企业礼仪的观念及其行为方式的总和。

企业礼仪文化是企业文化在企业礼仪活动中的具体表现，它象征着企业的价值观和道德要求，塑造着企业形象，使员工在礼仪文化的氛围中受到熏陶，自觉调整自己的行为，密切人际关系，激发工作的责任感和荣誉感，增强热爱企业、关心企业、为企业的崇高目标献身的群体意识。

2. 企业礼仪文化的功能

要建立具有中国特色的和谐企业，就是要达到人与自然、个人与企业、企业与企业和谐相处的理想境界。在企业建立起高度信任、理解、互尊的群体关系，形成企业职工主体共有的礼仪意识、责任意识、集体意识和奋发进取的精神，这种精神通过积淀一旦稳定形成，就成为激励职工勤奋工作、勇于竞争的强大动力。企业礼仪文化的功能如表6－6所述。

表6－6　企业礼仪文化的功能

功　能	含　义
形象塑造	企业员工形象，员工是最活跃的决定性因素，他们的一言一行随时都在传播企业的有关信息；企业领导形象，如领导者的仪表、气质、交际方式等外在形象，以及领导者的决策能力、创新精神、道德水平、信念和意志力等内在形象
教化激励	礼仪作为一种道德习俗，对企业的每个人都有教化作用，都在施行影响和教化。同时，良好的企业形象可以唤起和激励员工的自豪感、荣誉感和责任感，这是一个现代企业发展不可缺少的原动力
仪式传播	仪式通常被视作一种标准化的、表演性的、象征性的，由文化传统规定的一整套行为方式，一种沟通和维持群体活动的途径。常见的企业礼仪仪式有工作仪式、慰问仪式、走访仪式、升旗仪式、表彰仪式、团拜仪式，以及企业的庆功会、表彰会、誓师会、厂庆、开业典礼等活动
行为规范	礼仪无时无刻不在规范人们的行为。通过评价、劝阻、示范等方式纠正企业员工不正确的行为习惯，倡导员工按礼仪规范的要求协调人际关系，维护社会的正常生活

3. 企业礼仪文化的构建

企业不仅需要礼仪，而且需要规范、健康、文明、现代的企业礼仪来保证企业文化的延展和延续，需要礼仪去树立信仰、浓厚氛围、形成习惯、传递信息、表现企业个性。

首先，从企业战略管理的角度来看，应该融企业常规战略管理与文化管理于一体。企业应制定一套科学有效的激励机制，必要时对员工的行为实施奖惩，赏罚严明是管理的巨大动力。另外，还要对企业各层次员工加强相关培训，以提高他们的礼仪文化修养，因为员工是企业任何一项工作的具体执行者。完善的礼仪文化将成为企业职业化、规范化管理和国际化程度的标志。

其次，从企业日常管理的角度来说，融企业员工礼仪文明交往与日常工作为一体，注重员工的心理基础建设和行为表达能力培养，并在日常岗位管理中实施。企业还应注意在主要社会公众中建立起强有力的信誉基础，拥有生产高质量产品的良好声誉，制定易于理解的公司政策及其手册和综合全面的新员工工作安排，建立乐于遵从公认的、实力很强的专业人士建议的文化氛围。

最后，就企业所赖以生存的外部环境来说，全社会的关注和支持是实现企业礼仪文化工程的有利条件。企业作为社会组织的一部分，它不是独立王国，后危机时代社会政治、经济、文化发展过程中的矛盾以及企业的精神价值传统和企业员工自我形象塑造之间的矛盾，特别是市场的功利化倾向与市场的多变和多样需求与企业人才流动之间的矛盾影响着企业文化和员工的价值取向。现代企业礼仪文化及观念的树立，将有助于提高公民素质，为构建和谐社会打下良好的基础。

价值观管理缺失，导致企业方向性失误

企业价值观是企业发展长河中的精华沉淀，是企业的智慧结晶，同时也是指导公司员工共同行为的永恒准则。由于有的企业在价值观

管理过程中工作不到位，员工对共同价值观认知不足，导致依然故我，一切跟从前一样，没有变得更好。

在华电被艾默生收购前，老傅非常认同华为的价值观和华为文化，对老板任正非也极其佩服，时常念叨一些任老板的故事。老傅负责监控产品线的工作，斗志很高、精力充沛，能够接受公司下达的挑战目标，克服各种困难，产品线的业绩也是有目共睹。

但在华为电气被艾默生收购后，民族企业一下子变成了美资企业，工作的目的变得不清楚了，工作做得再好，却是在为美国人打工，工作的动力打了折扣，刚被艾默生收购时，这种情况在员工中普遍存在。

另外，艾默生公司非常注重人性化管理，在公司的经营运作上与华为公司有非常大的不同，尤其是在产品线的组织运作上，改变了以前产品线类似事业部的运作方式，原来直接向产品线汇报的两个主要部门的市场部分和客户服务部分归入公司市场系统和客户服务系统中，相应的考核关系也发生了变化，产品线在调配这些资源时必须通过他们的上级部门，产品线实际的权力被削弱，只能通过协调来开展工作。

老傅不认同这样的组织运作方式，在逐步了解艾默生的做事方法后，工作上渐渐失去了动力，再加上其他多方面的原因，产品线的业绩开始下降。在一次产品线的工作汇报上，老傅又提出了产品线独立运作的办法，未得到公司的同意，于是他向公司提出了辞职。

要卓有成效地进行价值观管理，一定要处理好两件事情：一是确立一套简明扼要、实用实效的价值观；二是使它们能在各层次、各方面的实践中发挥作用。为此，需要七个步骤集中关注价值观管理和深植的工作。

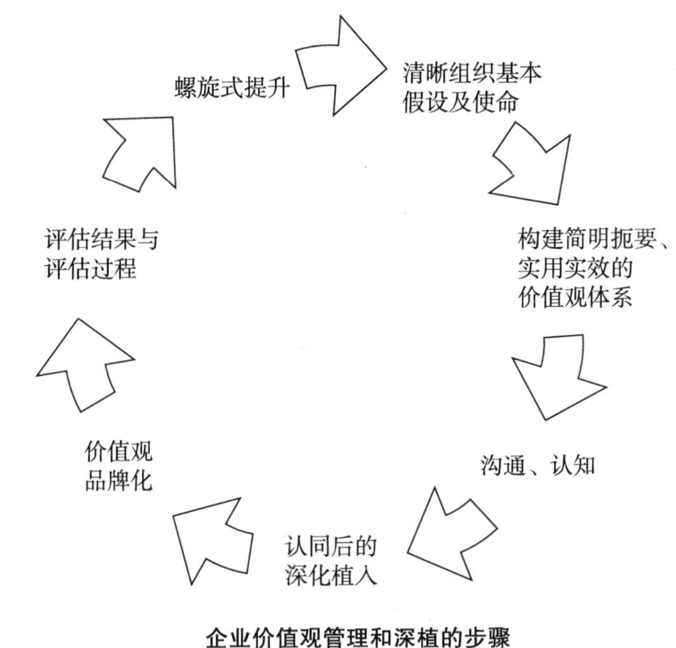

企业价值观管理和深植的步骤

1. 清晰组织基本假设及使命

文化本身就是一组基本假设，用以界定什么是我们要注意的、什么是事情的真谛、对正在发生的事情该有怎样的反应，以及在各种不同的情境中该采取怎样的行动。因此，要真正的解析一个公司的文化，清晰的构建出公司的价值观体系，首要的是清晰一个组织的基本假设及由此引发的组织使命的问题。

在价值观管理的前期，一定要从关键成功要素、关键价值驱动要素、核心阻力要素、群体特异性、基本管理模式及文化类型、核心管理思想等方面定性、定量地解析组织的基本假设，清晰组织的使命和目的。

2. 构建简明扼要、实用实效的价值观体系

企业的价值观可以有很多，当企业面对企业管理的各个方面时，都会有价值观的判别问题，但我们一定要牢记，价值观体系一定要系统、简明扼要、实用实效。要做到这几点，务必从以下几个方面着手。

（1）对于整个公司或者组织而言，要重点的清晰的明确自身的核心价值观，要重点关注公司文化中独特的和有利的东西。

（2）为实现其强大作用，价值观必须转变成可衡量的实践。重点说来，它们应有助于驱动公司愿景，并与导致组织成败的那些因素紧密联系。

（3）围绕核心价值观可进行分解，形成在核心价值观统领下的能够对职能层文化、业务层文化等形成指导的各个价值观体系。

（4）在价值观及整个企业文化体系形成过程中，一定要与最广泛的成员进行沟通，让他们参与到价值观构建的过程中来。与最广泛的员工群体一起对价值观进行讨论。少一些规则，多提醒自己和成员，按规则办事，这是决定我们是否为我们的组织创建了稳固的文化基础的三个关键因素。对于规则确立以后，也就是形成了简明扼要、实用实效的价值观体系以后，我们的艰巨工作才刚刚开始。

3. 沟通、认知

在沟通认知阶段，一定要注重领导者的沟通和示范作用。组织领导者的一个关键作用就是沟通。当然，组织沟通的方式很多，主要包括行动、行为、管理层面对面的沟通、具体的培训、信号、产品和服务、广告、口头和其他媒体言论、其他组织做出的评论等。

价值观管理在沟通方面要求我们进行有计划、有准备、能进行控制的沟通。比如，管理层面对面的沟通包括谈话、会议、辩论、一对一的交谈以及提问等，管理者的提问和关切点传达了那些他们认为重要的事物。

4. 认同、深化植入

企业深化植入价值观，就是将价值观植入组织架构。最佳的组织架构有利于组织价值观的应用。首先是总体的组织架构要适应公司的价值观。如果一个组织的价值观是客户导向，那么以产品或者工厂为基础的组织架构将破坏价值观。如果以团队协作作为公司的核心价值观，那么不具有弹性的、具有严格部门和职能边界的、相互隔离的组织架构将妨碍跨职能的团队协作。其次是组织的各个组成部分（某一部门或者某一岗位）的具体职责和胜任素质要与价值观紧密结合。

（1）将价值观植入公司的招聘和培训体系。在招聘方面，应该对申请加入组织的申请者进行两个方面的考察，即他们的能力以及他们是否与组织的价值观相吻合。目前很多的企业进行的往往是能力的考察，而没有太多关注申请者的价值观吻合程度，这必然增加新加入成员价值观认知认同的难度。

在培训方面，针对成员进行广泛的价值观培训，重点是价值观的认同以及价值观对于每一个成员的意义，也就是公司价值观针对每一个体的具体情况有针对性的思考和分解；针对公司的价值观，进行相关的技能（包括领导力）方面的培训。

（2）将价值观植入绩效管理和奖酬体系。绩效管理的标准与招聘中采用的标准以及组织架构中的岗位胜任素质等标准紧密相关。在组织内部进行价值观管理的一个具体思路就是，既要评估做了什么（绩效及愿景），又要评估“如何”做的（价值观及行为）。通过讨论或者争论来深化植入公司的价值观，建设性的讨论和争论可以使公司的价值观保持新鲜和活力。

5. 价值观品牌化

价值观的外部传播和内部传播同样重要。任何品牌都是公司品牌和产品品牌、内部品牌和外部品牌的统一。一个完整的品牌体系，包括企业与受众两个方面。从企业的角度来说，品牌可分为公司品牌和产品品牌；从受众的角度来说，品牌可分为内部品牌和外部品牌。在进行品牌规划过程中，要充分处理好公司品牌和产品品牌、内部品牌和外部品牌的关系。仅从产品的角度来定位品牌与仅从外部的角度来传播品牌，是目前广告界与品牌界对品牌认识的一大误区。

从企业和受众两个方面，定位品牌核心需要考虑四个因素，即内部公司品牌、内部产品品牌、外部公司品牌和外部产品品牌。在定位品牌核心时，忽视任何一个方面，都可能造成品牌失真。

品牌的传播，要从内部深植和外部传播两个方面着手。内部深植是品牌传播的基础，没有有效的内部深植，任何品牌外部传播达到的效果都只是暂时的或表象的。品牌内部深植，是指品牌核心价值成为全体员工的统一价值观念和行为方式的过程，这一过程正是公司价值观品牌化的过程。

员工，最直接地与客户接触，也最直接地把品牌内涵和品牌形象传达给客户，他们站在品牌传播的第一线，是品牌的第一传播者。那么，员工是否具备统一的价值观念和行为方式直接决定了品牌传播的胜败。所以，品牌价值的内部深植就更显重要。消费者并非机器人，他们不只是简单的购买产品，同时也在选择一种观念和态度。当面临不断增加和日益多样化的选择时，消费者的购买倾向就变得更加受制于其信仰，此时的购买动机产生于关于品牌的卓越性的信仰和本能，而消费者绝不会在稀薄的空气中寻找这种信仰。消费者希望知道他们所购买的产品背后的人，他们希望了解生产该产品或者提供该服务的公司，他们希望知道你的想法和观点，而如果你的公司越是能够将其价值观和宗旨进行宣传和散播，你就会变得更强大。

因此，在企业文化管理过程中，我们务必将企业的核心价值在全方位得以深植和落实，确保每一个品牌——客户接触点都能遵循统一的价值取向，从而有效的兑现我们的品牌承诺。

6. 评估结果和评估过程

对于公司的价值观管理，进行了以上几个步骤之后，我们要做的工作就是对于价值观管理的成效和过程进行科学的评估。为什么要费心的衡量价值观呢？因为评估能为好的或者不成功的执行提供一个结果评述，并以此作为进一步改进的基础；同时，评估也能够为我们的价值观管理中的绩效评估提供依据和数据。它们向每位成员发出一个信息：要使价值观发挥作用，为公司的经营绩效产生直接作用，管理是非常重要的。

评估的重点一定要放在员工的忠诚度、客户的忠诚度、价值观的认同度、公司氛围、品牌核心价值与公司核心价值匹配度、价值观在公司每个层面、每个组成部分的具体管理过程等方面。不仅要评估在每个单独的价值观方面取得的进步，同样要衡量在价值观管理方面存在的差距和问题；不仅要评估价值观管理的结果，同样要评估价值观在整个组织（公司）管理的过程。

7. 螺旋式提升

评估完成，并不代表整个价值观管理的步骤已经结束。评估能显示出组织绩效的状况、能显示出价值观管理过程的状态，并能识别出组织在价值观管理方面进行改进的机会。

事实上，评估的结果必须产生实际行动。如果你对员工调查结果没有采取行动，那么员工将不会在下一轮调查及以后的价值观管理中积极地参与。因此，在螺旋式提升过程中，要坚持以下要点。

（1）对所有的调查结果进行反馈。也就是评估之后，我们要对评估结果进行充分的分类、分析，并对相应的对象进行反馈。这种反馈可以是针对整个公司的，也可以是针对某个部门或者某个个体的。

（2）就评估结果与员工进行充分的沟通和交流，并就评估过程中发现的问题提出切实可行的解决方案。

（3）评估也为选拔和奖酬提供了基础。许多组织都有自己的绩效管理体系，我们一定要充分将价值观管理的过程和结果纳入这些已有的绩效管理体系，最终与成员的改进、晋升、培训和奖酬等有效对接，确保公司各种各样奖励，使鼓励既符合公司价值观，又有突出成果的行为。

随着公司价值观管理的进一步深入，公司内外环境的改变及组织对于环境的认知的变化，又会逐渐形成新的基本假设或者强化原有的基本假设。这时就要求我们的价值观体系进行调整或者就价值观的具体释义进行更好的阐释，从而对整个组织行为和个人行为提出新的要求，确保公司始终能在市场中保持正确的航向。这样，价值观管理就自然而然地成为一个完整的闭环系统。

参考文献

［1］李宗桂．传统与现代之间：中国文化现代化的哲学省思［M］．北京：北京师范大学出版集团，2011．

［2］刘光明．现代企业文化［M］．北京：经济管理出版社，2005．

［3］李玉海．企业文化建设实务与案例［M］．北京：清华大学出版社，2007．

［4］董平分．企业价值观管理与企业文化场［M］．北京：航空工业出版社，2008．

［5］许萌．企业文化落地与突破［M］．北京：中国财富出版社，2014．

［6］陈洪玮．企业文化管理要素及其对企业绩效的作用［M］．北京：中国财政经济出版社，2010．

［7］朱江．全面人性化管理：让员工规矩又积极的学文［M］．北京：企业管理出版社，2012．

［8］赵千里，杨志强．卓越的企业文化力、领导力、执行力——迈向成功之路［M］．北京：冶金工业出版社，2008．

［9］朱凌．创新型企业文化的结构与重建［M］．杭州：浙江大学出版社，2008．

［10］詹惠元．文化命门：企业文化建设的误区与对策［M］．北京：中国电力出版社，2010．